기적의 절세법

부가가치세 편

세금 1천만 원이 매출 1억 원을 이긴다
기적의 절세법 부가가치세 편

초　판 1쇄 발행 2015년 1월 5일
개정판 1쇄 발행 2018년 9월 14일

지은이 장중진

발행인 백유미 조영석
발행처 (주)라온아시아
주소 서울시 서초구 효령로 34길 4, 프린스효령빌딩 5F

등록 2016년 7월 5일 제 2016-000141호
전화 070-7600-8230 **팩스** 070-4754-2473

값 15,000원
ISBN 979-11-89089-37-5 14320
979-11-89089-38-2 (세트)

세금 1천만 원이 매출 1억 원을 이긴다

기적의 절세법

부가가치세 편

장중진 지음

RAON BOOK

세금을 모르고 성공하는 사장님은 없습니다

“세금 내는 게 즐겁습니까?”

누구에게든 이렇게 물어보면, 절대로 좋은 대답은 돌아오지 않을 것이다.

동서고금을 막론하고, 세금을 좋아한 사람은 없다. 진리라고 봐도 무방하다. 실제로 역사를 살펴봐도 사람들이 얼마나 세금을 내기 싫어했는지 알 수 있다. 그중 가장 유명하면서도 재미있는 일화를 하나 살펴보자.

지금으로부터 300여 년 전, 러시아의 표트르 대제는 유럽보다 뒤떨어진 러시아를 발달시키기 위해 유럽에 가장 가까운 네바 강 하구에 상트페테르부르크라는 도시를 만들고, 이곳으로 수도를 옮겼다. 유럽 강대국들의 선진 문물을 받아들이는 데 집중한 표트르 대제는 러시아 국민들에게 ‘수염을 자를 것’을 명했다. 이유는 ‘유럽

강대국들 중 턱수염을 기르는 곳은 없다'는 것이었다.

하지만 예나 지금이나 위에서 시킨다고 국민들이 다 고분고분 듣는 것은 아니다. 그들은 이런 조치에 강하게 반발했다. 슬라브인의 긴 수염은 '하느님이 주신 것'인데 이를 깎으라니, 말도 안 된다는 것이다. 우리나라 개화기 때 상투를 자르라는 말에 양반들이 '신체발부수지부모(身體髮膚受之父母)'라며 저항했던 것과 마찬가지다.

표트르 대제는 그냥 물러서지 않았다. 궁중이발관을 시켜 강제로 수염을 깎기도 하고, 수염을 깎지 않는 귀족들은 물론이고 심지어 자신의 아들까지 처벌했다. 그래도 저항이 계속되자 다른 방법을 썼다. 최근에도 세금 이야기가 나올 때면 자주 언급되는, 이른바 '수염세'를 물린 것이다. 수염을 기르는 것은 허용하겠으나, 대신 세금을 내게 했다. 효과는 즉시 나타났다. 수염세가 도입되자마자 너도나도 소중하게 가꿔온 수염을 깎아버리기 시작한 것이다.

신이 내려주신 것이라 포기할 수 없다며 처벌을 받으면서도 깎지 않았고, 관직을 내놓는 한이 있더라도 깎지 않겠다던 수염을 단지 세금을 내라고 하니 깎아버렸다. 그야말로 동서고금을 막론하고 사람이라면 누구나 세금을 내기 싫어한다는 증거가 아니겠는가.

하지만 세금을 안 내고는 살 수 없다. 내야 할 세금을 안 낸다면 이는 탈세(脫稅), 즉 명백한 범죄 행위이기 때문이다. 그렇다면 내기엔 너무 아까운 세금을 내라는 대로 내면서 살아야만 하는 것일까?

그렇지는 않다. 내야 할 세금을 안 내는 탈세는 불법이지만, 안 내도 될 세금을 내지 않는 절세(節稅)는 합법이다. 그리고 절세는 어렵지 않다. 네 가지만 분명히 알고 있으면 된다.

첫째, 사업자가 반드시 내야 할 세금이 있고 그렇지 않은 세금이 있음을 알아야 한다. '내지 않아도 될 세금'이란, 다시 말하면 '줄일 수 있는데도 불구하고 부주의한 탓에 납부하는 세금'이다. 예를 들어, 사업상 거래를 하면서 지불한 대금인데도 세금계산서를 챙기지 않아 비용으로 인정받지 못하면 부가가치세나 소득세를 더 내야 한다. 세금계산서를 챙긴다는 간단한 행위를 하지 않음으로 인해서, '안 낼 수도 있었던' 세금을 추가로 내게 된 것이다. 이처럼 주의 깊게 살피면 내지 않아도 될 세금은 분명히 있다.

둘째, 절세의 기본은 세금의 신고 · 납부기한을 지키는 것이다. 사업자가 재화나 용역을 제공하고 소비자로부터 받은 돈에는 부가가치세가 포함되어 있다. 사업자는 이를 모아서 반기에 한 번 신고 · 납부해야 한다. 그런데 만약 신고를 안 하거나 납부를 늦게 하면 원래 내야 할 세금에 더해 가산세와 이자까지 내야 한다. 이런 가산세를 낼 일을 만들지 않는 것도 절세다.

셋째, 탈세와 절세의 차이를 알고 탈세의 유혹에서 벗어나야 한다. 절세는 세법이 정한 테두리 안에서 합법적으로 세금을 줄이는 것이다. 반면, 탈세는 세법을 피해 부정한 방법으로 세금을 내지 않는 것이다. 사업자라면 누구나 탈세의 유혹에 빠지게 되는데, 걸리지만 않으면 된다는 생각 때문에 흔들리는 경우가 있다. 그러나 탈세의 대가는 사업 자체를 위태롭게 할 정도로 위험하다. 예를 들어,

1억 원의 매출을 누락시켜서 탈세를 했다고 가정해보자. 부정한 방법으로 탈세를 한 경우 세무당국은 10년간 세무조사를 할 수 있는 권한이 있다. 만약 5년 후 세무조사에서 탈세 사실이 밝혀진다면, 소득세와 부가가치세에 가산세까지 합쳐 1억 원 가까운 세금이 나올 수 있다. 기껏해야 2,000만~3,000만 원을 아끼려다가 1억 원을 잃을 수도 있는 것이다. 결론적으로 탈세는 절대로 해서는 안 될 위험한 도박과도 같다.

넷째, 세법이 매년 개정된다는 사실을 알아야 한다. 지난해에는 없었던 세금감면이 생기거나, 반대로 그동안 받아온 세금혜택이 축소되는 경우도 있다. 그러므로 개정되는 세법을 알아야 한 푼이라도 세금을 아낄 수 있다. 이런 절세 지식은 사업자 스스로 꾸준히 알아보고 챙겨야 한다.

이 책은 사업자가 꼭 알아야 할 부가가치세 절세법을 다루고 있다. 여기서 설명한 내용을 모두 실천한다면 최소한 수십만 원에서 많게는 수억 원까지 절세할 수 있다.

차례

Ⅱ. 부가가치세를 모르면 손해 보는 것들

기적의
절세법

I

사장이라면, 매출과 비용이 아닌 세금을 봐라

01
/
세상은 작은 회사 사장들까지 챙겨주지 않는다

1. 세상은 강자의 편이다. 심지어 세금에 관해서도

자영업자 500만 시대다. 10명 중 1명은 자영업에 종사하고 있다는 말이다. 이렇게 자영업을 하는 사람이 많은 가장 큰 이유는 직장에서의 조기 은퇴와 일자리 부족일 것이다. 대기업이나 중견기업에서 간부급으로 근무하는 40~50대는 어느 날 갑자기 명예퇴직 권고를 받고 직장에서 쫓겨난다. 사오정, 오륙도, 삼팔선처럼 조기 퇴직을 나타내는 신조어가 마구 쏟아질 정도로 요즘의 근무환경은 불안정하다. 20~30대도 힘들기는 마찬가지다. 대기업 입사는 하늘의 별 따기다. 공무원시험은 경쟁률이 100대 1을 넘기기도 한다. 이렇게 고용환경이 어렵다 보니 자의 반 타의 반으로 창업하는 사람이 많아질 수밖에 없다.

어렵게 창업을 해도 먹고사는 문제가 해결되지는 않는다. 일단 사장 혼자서 일인다역을 해내야 한다. 영업과 마케팅은 물론이고 원재료 구매와 판매 그리고 매장관리와 직원관리까지… 사장은 거의 슈퍼맨이 되어야 한다. 다행히 매출이 올라가서 어느 정도 이익을 보면 한숨 돌릴 수 있다. 그러나 이때에도 안심할 수는 없다. 갑자기 주변에 대기업 프랜차이즈가 들어오면 시장 상황은 급변한다. 대형마트 한 개가 들어서면 그와 관련된 그 주변 상권은 매출이 거의 반 토막 난다. 재래시장에서 물건을 파는 사장님이나 중소형 슈퍼마켓을 운영하는 사장님들은 그 피해를 절실히 느낄 것이다. 잘되는 빵집을 하다가 주변에 대기업 프랜차이즈 빵집이 들어오는 바람에 문을 닫는 경우도 많다. 자영업자로 먹고살기 너무나 빡빡한 세상이다.

대기업과의 경쟁 때문이 아니더라도 순식간에 무너질 수 있다. 경기가 갑자기 어려워지면 매출이 크게 떨어지면서 부도나는 경우가 있다. 또 매출이 크게 상승하면서 사업이 안정궤도에 올라서는 시점에 세무조사를 받아 큰 위기를 맞기도 한다. 너무 바빠서 세금을 제대로 관리하지 못하거나, 절세와 탈세의 차이를 몰라 실수를 해서 심한 경우 수억 원의 세금을 한꺼번에 내야 하는 상황이 발생하기도 한다. 중소 사업자가 모아둔 현금이라고 해봐야 얼마나 되겠는가? 그렇게 큰돈을 갑자기 세금으로 내게 되면 사업 자체가 휘청 흔들릴 수도 있다.

작은 회사가 성공하기 힘든 이유는 이뿐만이 아니다. 세금감면이나 절세 혜택도 대기업에 집중되는 경우가 많다. 대기업이 세금을 많이 낸다고는 하지만 그만큼 감면받는 세금도 많다. 그들은 자체적으로 세무사나 회계사를 고용해 세법을 철저히 분석한다. 만약 절세할 수 있거나 세금감면을 받을 수 있다면 대형회계법인에 고액의 컨설팅 수수료를 지불해서라도 자기 몫을 챙기고야 만다.

세무조사를 받더라도 대기업은 당황하지 않는다. 그들은 대형회계법인 소속 회계사와 세무사를 고용해서 세무조사에 철저히 대비한다. 대기업은 세무조사에 대해 세법에 맞게 과세하는지를 끝까지 따져 묻는다.

만약 세무조사 결과 거액의 세금고지서가 날아와도 대기업은 맞대응을 한다. 일단 세금과세 여부가 적법한지를 내부적으로 검토한 다음 조금이라도 미심쩍은 부분이 있다면 대형 로펌에 의뢰해 조세심판을 청구하거나 정식 행정소송까지 진행한다.

그러나 작은 회사는 대기업처럼 할 수가 없는 게 현실이다. 정보와 지식이 넘쳐나고 있지만, 하루하루 벌어먹기 바쁜 사람들에게는 이런 정보와 지식을 배우고 활용할 시간도 없다. 그러다 보니 세금혜택이나 감면이 되는 제도가 있다는 것도 모르고 넘어가기 일쑤다. 이런 와중에 세무조사를 받았다가 상당한 가산세를 물기도 한다. 고의로 탈세를 하다가 낸 가산세라면 억울하지나 않겠지만, 세법에 저촉된다는 것조차 모르고 한 행동으로 가산세를 내게 되는 경우도 많다. 예를 들어, 세금계산서를 받아야 한다는 것조차 모르고 있다가 7개월쯤 뒤에 발급받았다고 해보자. 한 푼이라도 아낄 수 있다면 그게 어디냐는 생각에 그 세금계산서로 매입세액공제를 신청할 것이다. 뒤에서 자세히 설명하겠지만, 이 경우 매입세액공제를 받을 수 없을 뿐만 아니라 가산세까지 물게 된다.

전문가에게 컨설팅을 받는다면 이런 안타까운 상황을 피할 수도 있겠지만, 생존에도 급급한 작은 회사 사장들에게는 그저 배부른 소리다. 큰마음 먹고 기껏 비싼 돈을 들여 컨설팅을 받았는데 절세가 불가능할 수도 있다. 세무사라고 해서 공제받을 수 없는 항목으로 공제를 받게 한다거나 환급 불가능한 항목으로 환급을 받게 할 수는 없기 때문이다. 결국, 자영업자들은 대기업과 같은 돈이 없어서 널려 있는 정보와 전문가를 마음껏 활용할 수도 없고, 그로 인해 상황은 더더욱 어려워진다.

게다가 정부는 철저히 대기업 편이다. 반면 '없는 자'들에게는 가혹할 정도다. 재활용폐자원 의제매입세액공제율이 2013년 5.66%에서 2014년에는 4.76%로 줄었고, 2016년부터는 2.91%로 줄어들었다. 이로 인해 직접적인 영향을 받는 사람들은 폐지나 재활용품을 수집하는 사람들로, 알다시피 이들 대부분은 영세한 사업자들이다.

그렇다면, 가뜩이나 먹고살기 어려운 영세 사업자들을 쥐어짠 정부가 대기업에는 어떤 조치를 취했을까? 우선 한 가지만 예를 들어 보자.

화학물질을 취급하는 기업이라면 '당연히' 안전시설을 갖춰야 하지만 그동안 정부가 눈감아줬기 때문에 많은 기업들이 유야무야 넘어갔다. 그 대상이 되는 기업은 중견기업 이상인 경우가 많다. 어쨌든, 이 기업들은 화학물질관리법에 따라 2015년부터는 안전시설을 반드시 설치해야만 한다. 시설 비용은 물론 어마어마할 것이다.

당연히 대기업에서 가만히 있을 리가 없다. 그들은 화학관리법에 따른 관리기준이 강화돼 투자부담이 증가하니 화학물질 취급시설을 '안전설비투자 세액공제' 대상에 포함시켜 줄 것을 요청했다. 아울러 안전설비투자 세액공제 기한을 3년 연장해달라는 요청도 함께 했다. 어떻게 됐을까? 당연히 모두 받아들여졌다. 마찬가지로 '생산성향상시설투자 세액공제'도 3년 연장됐다. '비과세 · 감면제도 폐지'는 결국 영세한 사업자, 작은 회사 사장들만을 대상으로 한 이야기인 것이다.

2. 현실은 현실이고, 생존은 생존이다

그렇다. 세상은 작은 회사 사장들에게 갈수록 척박해지고 있다. 이는 분명한 현실이다. 하지만 그렇다고 해서 열악한 외부환경만 탓하고 있을 것인가? 아무리 정부의 방침이나 사회를 탓해도 바뀌는 것은 없다. 아까운 시간만 흘러갈 뿐이다. 그러니 그렇게 불평과 불만으로 흘려보낼 시간에 대책을 찾는 편이 낫다. 그래야만 그토록 바라는 성공을 할 가능성이 생긴다. 그러려면 현실을 직시해, 우선 살아남아야 한다. 살아남아야 성공도 할 수 있으니 말이다.

작은 회사일수록 생존과 성공의 포인트를 '세금'에서부터 찾아야 한다. 모든 사업은 재화가 됐든 용역이 됐든 기본적으로 '장사'를 하는 곳이다. 그러니 사업을 하는 사람이라면 기본적으로 장사를 잘해야만 성공할 수 있다. 장사를 잘하는 사람이 사업을 잘하는 사람이라고 해도 과히 틀린 말은 아니다. 하지만 사업을 잘하는 사람이 꼭 살아남을까? 결론부터 말하자면, 아니다. 세금을 잘 아는 사람이 살아남는다.

잘 버는 것도 중요하지만, 잘 지키는 것은 더 중요하다. 특히 작은 회사일수록 더 그렇다. 세상은 큰 회사에는 알아서 감면도 해주고 편의도 봐주는 반면, 작은 회사 사장들에게는 한 푼이라도 더 뜯어가려고 하기 때문이다. 그러니 아무리 장사를 잘했어도 힘들게 모은 돈을 지키지 못하면 성공은커녕 소위 말하는 '쪽박 차는' 신세를 면할 수 없다.

잘 버는 것과 잘 지키는 것은 별개의 영역이라고 봐도 무방할 정도로 차이가 있다. 실제로 세무사인 나에게 상담을 요청한 사장님들 중 '장사'에는 도가 텄지만 '절세'에는 젬병인 사람이 많다. 아니, 정확히는 절세 자체에 그다지 관심을 두지 않는 경우가 많은 것이다. 그들은 절세란 것은 '할 수 있으면 하는' 정도인 선택사항이라 여긴다. 하지만 그렇지 않다. 세금은 알면 좋고 몰라도 그만이 아니다. 사업을 계속하고 싶다면 반드시 알아야만 하는 영역이다. 앞으로 계속해서 살펴보겠지만, 작은 회사일수록 세금 하나에 사업 전체가 흔들릴 수도 있기 때문이다. 만약 매출이 아무리 많이 나오더라도 세법을 잘 몰라 절세하지 못하고 거액의 세금을 내야 한다면 앞으로 벌어 뒤로 손해 보는 꼴이다. 그리고 그 손해가 한두 푼이 아닌, 1년 매출액과 맞먹는 수준이 될 수도 있다. 아무리 장사를 잘했어도 그해 번 돈을 '조금만 신경 썼으면 안 낼 수도 있었던 세금'으로 몽땅 날려버린다면, 성공의 발끝도 보지 못하고 사업을 접을 수밖에 없지 않겠는가?

세금 때문에 사업이 망하는 상황을 피하려면, 우선 사업과 관련된 세금에 대해 정확히 알고 있어야 한다. 또한, 탈세가 아닌 정정당당한 절세 방법을 알아야 한다. 절세, 탈세, 세법, 부가가치세, 소득세 등등 용어가 어려우니 공부하기도 어려울 것으로 생각하는 사람이 많지만, 따지고 보면 그렇지 않다. 사법고시 준비하듯이 법 공부를 하지 않아도 기본적인 법률과 그 기준만 알면 행복하게 잘 살 수 있는 것처럼, 세법의 기본적인 기준과 몇 가지 항목만 알아도 큰 절세 효과를 볼 수 있다.

내가 말하려는 것은 세금을 잘 알면 무조건 성공한다는 것이 아니다. 이는 거짓말이다. 말했듯이 장사야말로 성공의 기본이다. 하지만 세금을 모르면 절대 살아남을 수 없다.

세상의 냉혹함과 무관심에 지쳤다면, 이제 세금을 공부해서 스스로 살아남아야 할 때다.

02

매출도, 비용도 아닌 절세가 회사를 살린다

1. 좋은 회사의 조건은 '매출'이 아닌 '순수익'이다

세상은 갈수록 경쟁이 치열해지고 있다. 이미 포화상태가 된 업종이라 여기는 곳에도 새로운 회사들이 줄지어 생겨난다. 소규모 자본으로도 시작이 가능한 업종이라면 말할 것도 없다. 어려워진 경제 사정으로 소비자들의 소비심리는 위축되고, 그 와중에 경쟁 업체는 늘어 간다. 먹을 것은 줄어드는데 나눠 먹어야 할 사람은 늘어나는 셈이다.

하지만 이런 어려운 상황에서도 굳건히 버텨나가고, 심지어 꾸

준히 성장하는 회사들이 있다. 이런 회사 중에는 새로운 아이템을 내놓아 고객을 사로잡는 곳도 있지만, 모두 그런 방식으로 살아남고 성장하는 것은 아니다. 그리고 어려운 상황에서도 흔들림 없는 회사라면 좋은 회사라고 할 수 있을 것이다.

그렇다면 좋은 회사는 어떻게 알아볼 수 있을까?

사람들이 흔히 회사를 평가할 때 가장 먼저 보는 항목이 바로 '매출'이다. 매출은 장사를 잘했을 때 올라간다. 그렇다면 정말 매출이 잘 나오는 회사가 좋은 회사일까? 경영을 조금이라도 공부했거나 직접 경험해본 사람이라면 매출은 '허수'가 될 수 있음을 잘 알 것이다.

단순하게 생각해보자. 작은 식당을 운영하는 사업자가 월 매출 1억 원을 올렸다. '작은 식당'인데 하루에 평균 300만 원 이상의 매출이 나왔다면, 아마 상당히 장사가 잘되는 집일 것이다. 하지만 식재료만 한 달에 6,000만 원을 쓴다면? 주방장을 다른 업체에 뺏기지 않기 위해 월급을 1,000만 원씩 줘야 한다면? 서빙과 청소 직원들 월급을 합쳐 1,000만 원이 넘는다면? 건물 임대료와 관리비가 한 달에 500~600만 원에 이른다면? 여기에 세금과 각종 공과금까지 빼고 나면, 식당 주인이 쥐는 돈은 어지간한 직장인들 월급보다도 적을 것이다. 예를 들다 보니 과장한 면은 있지만, 실제로 많은 사장님이 비슷한 일을 겪고 있다.

예에서 봤듯이, 매출을 아무리 올려도 비용이 많다면 오히려 적자가 날 수도 있다. 중요한 것은 '순수익'이다.

2. 매출증가는 어렵고 비용절감은 부작용이 크다

순수익은 어떻게 올려야 할까?

흔히 생각할 수 있는 방법은 '매출증가'와 '비용절감'이다. 물론 두 가지 다 맞는 말이다. 앞에서 예를 든 식당 주인도 매출액을 2억 원으로 올릴 수 있다면, 또는 직원들 월급을 깎거나 식재료비를 절반으로 줄일 수 있다면 순수익은 늘어날 것이다.

하지만 매출증가와 비용절감에는 모두 큰 문제가 있다. 일단 어려워도 너무 어렵다는 것이다.

매출증가 방법에는 어떤 것들이 있을까? 단순하게 가격을 인상할 수도 있다. 그러나 가격 인상에 대한 고객들의 반발이 크다면 손님이 줄어들 것이다. 가격 인상으로 인한 매출증가분이 고객이탈로 인한 매출감소분보다 작다면 매출은 오히려 줄어든다. 반대로 가격을 낮춰 많은 손님을 끌어모으는 것도, 가격 인하로 인한 매출감소분이 고객증가로 인한 매출증가분보다 크면 매출이 줄어들게 돼 있다.

고객의 반발 없이 매출을 올리는 방법으로는 새로운 상품이나 제품 개발을 들 수 있다. 사람들이 환호할 만한 아이템을 선보인다면, 가격이 다소 높더라도 많은 고객을 끌어모아 매출이 오를 것이다. 하지만 신제품은 어느 날 갑자기 하늘에서 뚝 떨어지지 않는다.

경우에 따라서는 엄청난 시간과 개발비용을 투자해야 한다. 물론 그렇게 공들여 개발한 제품이 투자한 시간과 비용을 보상받고도 남을 정도로 성공한다면 좋은 일이다. 하지만 경쟁이 치열한 만큼 무수히 쏟아져나오는 신제품들 속에서 성공하는 제품은 극소수다. 만약 개발비가 부족해 대출이라도 받았다가는 실패를 감당하기 힘들다.

다행히 고객들이 신제품에 좋은 반응을 보인다 해도 넘어야 할 산이 많다. 우선 제품을 알리기 위해 영업과 광고에 많은 돈이 들 것이다. 게다가 그 모든 비용을 뛰어넘을 정도로 큰 인기를 끈다면, 경쟁사들이 '미투(Me Too)전략'으로 나서서 유사한 제품을 만들어내기 시작한다. 만약 대기업에서 나서기라도 한다면 승산이 거의 없다. 대기업은 막대한 자금력으로 대대적인 마케팅에 나설 것이고, 가격경쟁에서도 앞서 갈 가능성이 높기 때문이다.

이처럼 매출증가만으로는 경쟁에서 이기기도, 살아남기 위한 돌파구를 마련하기도 쉽지 않다.

그렇다면 비용을 절감하는 방법은 어떨까?

비용절감은 매출증가보다 쉽고 효과적일 수 있다. 만약 신기술을 개발해 비용을 줄일 수 있다면 이보다 좋은 것도 없다. 일례로, 경쟁사에 밀려 점점 어려움을 겪던 일본의 한 맥주 업체는 맥주를 담는 캔의 두께를 줄이는 기술을 개발해 막대한 비용을 아꼈다. 덕분에 가격을 낮출 수 있었고, 결국 판매량 1위를 차지했다고 한다.

이렇듯 비용을 낮추면 가격에서도 경쟁력을 가질 수 있고, 매출과 달리 세금이 붙지도 않는다는 점에서 매출증가보다 효과적이다. 하지만 비용절감을 위한 기술 개발도 신제품 개발 못지않게 어려워 아무나 시도할 수 있는 것은 아니다.

비용을 절감하는 방법은 여러 가지가 있지만, 결국 가장 쉽게 사용할 수 있는 방법은 크게 두 가지다.

첫째, 판매하는 제품의 원재료나 서비스의 구매 가격을 낮추는 것이다. 여기서도 두 가지 방법이 있는데, 우선 원재료를 대량으로 구입해 할인을 받을 수도 있다. 하지만 생산 또는 판매량에 비해 너무 많은 원재료를 구입하면 재고가 늘어나 돈이 묶이고, 관리비용도 만만찮게 든다.

원재료의 구매 가격을 낮추는 다른 방법으로는 가격이 낮은 재료를 쓰는 것도 있다. 저가 재료를 쓸 때 문제가 되는 것은 품질이다. 가격이 낮다고 무조건 질이 떨어지는 것은 아니지만, 대체로 그렇다는 것은 사실이다. 그럴 경우, 질 낮은 원재료로 만든 제품도 품질이 떨어질 수 있고, 고객들이 다른 업체로 발을 돌릴 가능성이 높다. 예를 들어 1등급 닭과 고급 식용유로 튀긴 치킨을 팔던 통닭집에서 비용절감을 위해 값싼 2등급 닭과 저질의 식용유를 썼다고 가정해보자. 당장은 비용이 감소해서 수익이 늘어날 수 있지만, 장기적으로는 고객의 이탈로 인해 매출이 줄어들 가능성이 높다.

비용절감의 다른 방법으로는 직원 수를 줄이는 것이 있다. 예를 들어, 직원이 10명인 공장에서 2~3명만 정리해고해도 비용을 크게 줄일 수 있다. 그러나 그렇게 줄인 비용이 과연 수익성 개선에 효과가 있을지는 의문이다. 단기적으로는 비용이 절감돼 수익이 오를 것이다. 하지만 남은 직원들의 업무량이 많아져 제품의 질이 떨어지거나 불량률이 높아질 수 있다. 심한 경우, 납기일을 맞추지 못할지도 모른다. 서비스직이라면, 과도한 업무로 피곤한 직원들이 예민해져 손님들에게 불친절하게 행동할 수도 있다. 게다가 남은 직원들은 자신도 언제 해고될지 모른다는 생각 때문에, 또는 열심히 일한 사람들을 내치는 회사에 대한 배신감 때문에 애사심이 사라질 가능성도 높다. 그런 생각 때문에 만약 한두 명이라도 이직이나 퇴사를 할 경우, 남은 직원들은 더 힘들어지는 악순환이 일어난다.

이렇듯, 비용절감은 매출증가보다 사용하기 편리한 대신, 그만큼의 부작용이 따르는 경우가 많다.

3. 쉽고, 부작용도 없으며, 가장 효과적인 방법, 절세

앞에서 살펴본 바와 같이, 매출은 올리기도 어렵고 실패할 경우 감당하기도 힘들다. 비용은 비교적 손쉽게 낮출 수 있으나, 그 부작용은 고스란히 역효과가 되어 돌아온다. 둘 중 어떤 것도 시도해보기 쉽지 않은 것이 현실이다.

그렇다면 작은 회사에서 순수익을 올릴 방법은 무엇이 있을까?

가능한 한 쉽고, 부작용이 없으며, 효과도 뛰어난 방법 말이다.

아주 간단한 방법이 있다. 바로, '안 내도 될 세금은 내지 않는 것' 즉, '절세'다.

'탈세'도 아닌 '절세'로 돈을 아껴봐야 그게 얼마나 되겠느냐고 반문하는 사람이 많을 것이다. 실제로 내가 컨설팅을 해준 사장님들 중에서도 그렇게 반응한 분들이 많았다. 하지만 그분들도 절세의 효과를 직접 겪어본 후로는 세금을 바라보는 시각이 180도 달라졌다. 내가 왜 매출증가나 비용절감보다 절세를 강조하는지, 그 이유를 하나씩 살펴보자.

첫째, 매우 쉽다. 그냥 내지 않아도 될 세금이 무엇인지 알아두었다가 시기에 맞게 세금계산서를 받고 제때 신고만 하면 된다.

둘째, 비용이 들지 않는다. 절세는 신제품이나 새로운 기술이 필요하지 않으니 돈이 들지 않는다. 신고하는 데 필요한 서류 몇 장만 작성하는, 아주 약간의 번거로움만 감수하면 큰돈을 아낄 수 있는 것이다.

셋째, 부작용이 없다. 매출증가나 비용감소를 위해 신기술을 개발하다가 실패하면 막대한 피해가 뒤따른다. 만약 매출을 올린다고 가격을 인상하거나, 비용절감을 한답시고 직원을 해고하기라도 하면 부작용이 생긴다. 하지만 절세는 부작용이 없다. 세법에서 안 내도 된다고 허가해 준 세금을 안 낸 것이므로 문제 될 것도 없다. 내가 절세한다고 해서 직원이 불만 가질 일도 없고, 고객이 떠날 리도 없다. 무척 깔끔한 방법인 것이다.

넷째, 매우 효과적이다. 절세가 매출증가보다 효과적이라고 말하면, 대부분은 고개를 갸웃거리거나 말도 안 된다고 따진다. 하지만 막상 살펴보면 거짓이 아님을 알 수 있다.

건물의 한 층을 임대해 빵집을 운영하는 사람이 있다고 해보자. 뒤에서 자세히 다루겠지만, 건물을 임대해 영업할 경우, 한국전력공사에서 보내는 전기요금납부서상 명의자 변경을 본인으로 하지 않으면 전기요금 · 통신비 부가가치세 매입세액공제를 받을 수 없다. 이를 안 사업자가 사업 시작 당시부터 명의자 변경을 신청해 6개월간 절세로 100만 원을 아낀 경우와, 장사를 통해 추가로 매출 100만 원을 올렸을 경우, 어느 쪽이 이득일까? 그냥 보기에는 똑같은 100만 원을 번 것처럼 보인다. 하지만 자세히 살펴보면 엄청난 차이가 있다. 세금으로 100만 원을 아꼈다면, 100만 원이 그대로 사업자의 돈이 된다. 하지만 매출이 100만 원이라면, 거기에는 밀가루와 파우더 같은 원재료값, 직원이 있다면 인건비, 빵을 굽는 데 들어가는 전기요금, 건물 임대료 등이 포함된다. 거기다 세금까지 제하고 나면 남는 것은 10만 원에 미치지 못할 수도 있다. 즉, 절세로 아낀 돈은 그 10배의 매출을 올린 것과 같은 효과가 있다.

부가가치세를 절세하면 일반 개인사업자도 1년에 수천만 원까지 아낄 수도 있는데, 이는 수억 원의 매출을 올린 효과가 있다고 해도 과장이 아니다. 그러므로 사업자는 매출증가나 비용감소에만 신경 쓸 것이 아니라 절세 방법을 적극적으로 공부하고 배워야 한다.

03

/

왜 부가가치세에 주목해야 하는가?

1. 절세하려면 알아야 할 것들

절세도 일종의 기술이다. 그리고 기술을 익히려면 먼저 자신이 익히려는 기술에 대해 알아야 할 것들이 있다. 악기 하나를 배우더라도 알아야 할 것들이 많은 것과 마찬가지다.

그런 의미에서, 세금을 아끼려면 먼저 세금의 종류에 대해 알아야 한다. 이 책은 사장님들을 대상으로 하고 있으므로, 여기서는 사업자가 내야 할 세금의 종류와 성격에 대해 알아보자.

다음은 사업자가 반드시 신고 · 납부해야 할 세금의 종류와 각각에 대한 설명이다.

(1) 부가가치세

소비자들이 구매하는 최종 제품 대부분은 원재료 상태에서 어떤 가치가 부가된 것이다. 예를 들어, 배추와 무는 면세상품이지만, 둘을 이용해 김치를 만들어 판다면 그 과정에서 새로운 가치가 부가된 것이다. 부가가치세는 이렇듯 재화 또는 용역의 생산 및 유통의 각 단계에서 발생한 부가가치에 대해 부과하는 세금이다. 세금을 부담하는 조세부담자와 이를 납부하는 납세의무자가 다른 세금을 '간접세'라고 하는데, 부가가치세는 대표적인 간접세다. 즉, 사업자는 물건값에 부가가치세를 포함하여 팔기 때문에 실제로 세금을 부담하는 주체는 소비자다. 사업자는 소비자가 낸 부가가치세를 잠시 보관했다가 국가에 신고 · 납부하는 것이다.

(2) 종합소득세

종합소득세는 매년 1월 1일부터 12월 31일까지 개인이 얻은 소득에 대해 과세된다. 사업자가 1년간 벌어들인 매출에서 매입과 기타 경비를 제외한 나머지 순소득에 대해 세금이 부과된다. 소득세는 소득금액에 따라 6%, 15%, 24%, 35%, 38%, 40%, 42%의 누진세율이 적용되며, 다음 해 5월 31일까지 전년도 소득에 대해 신고 · 납부해야 한다.

(3) 법인세

법인세는 법인이 얻은 소득에 부과하는 세금을 뜻한다. 개인사업자의 종합소득세와는 달리 법인이 얻은 모든 순자산증가액에 대해 과세한다. 예를 들어, 고정자산인 기계장치를 장부상 가치보다 높은 가격에 팔아 처분이익이 생긴 경우 법인세를 내야 한다. 법인세율은 과세표준 2억 원까지는 10%, 2억 원을 초과하는 금액에 대해서는 20%, 200억 원 초과 3,000억 원 이하는 22%, 3,000억 원을 초과하는 금액은 25%를 적용한다.

(4) 원천세

원천세란, 사업자가 근로자를 고용하는 경우 근로자에게 급여를 지급할 때 이에 대한 소득세를 원천징수하여 납부하는 것이다. 근로자의 급여에서 원천징수할 금액은 간이세액표에 따르며, 독립적으로 일하는 프리랜서에게 지급한 대가에 대해서는 3.3%(봉사료 5.5%)를 원천징수한다. 이렇게 원천징수한 세금은 급여지급일의 다음 달 10일까지 원천징수이행상황신고서와 함께 신고 · 납부해야 한다.

2. 왜 부가가치세에 주목해야 할까?

사업자가 내야 할 세금의 종류는 다양하다. 모든 세금을 완벽히 꿰고 있다면 절세만으로도 엄청난 이득을 볼 수 있을 것이다.

그런데 이 책에서는 왜 하필 그중에서도 부가가치세를 콕 집어서 다룬 것일까? 이유는 간단하다. 쉽게 말해, 사업자가 놓치기 쉽고, 절세효과가 크기 때문이다. 사업자라면 부가가치세를 반드시 공부해야 하는 이유를 살펴보자.

첫째, 부가가치세 신고를 하면서 사업체 매출액의 100%가 확정된다. 부가가치세가 과세되는 재화나 용역을 공급하는 사업자라면 반드시 세금계산서나 신용카드매출전표 또는 현금영수증을 발행해야 한다. 물론 그냥 현금을 받거나 간이영수증을 주기도 하지만, 이러한 경우에도 원칙적으로 매출액을 부가가치세 신고서에 반영해야 한다. 이처럼 부가가치세 신고는 사업자의 매출을 확정시키기 때문에 그 중요성은 아무리 강조해도 지나치지 않다.

둘째, 부가가치세를 신고할 때 전체 필요경비의 80~90%가 확정된다. 인건비나 감가상각비를 제외한 사업체의 거의 모든 매입비용이 부가가치세를 신고할 때 정해진다. 쉽게 말해, 부가가치세 신고자료가 소득세 신고의 기초 자료가 되는 것이다. 그러므로 세무서는 부가가치세 자료를 바탕으로 사업자가 소득세와 법인세 등을 제대로 내고 있는지, 탈세를 하고 있지는 않은지 살펴보게 된다. 탈세 의도가 없었다 하더라도 부가가치세 신고 시 저지른 실수 한 번으로 세무조사까지 받게 될 수도 있다.

셋째, 부가가치세는 한 번의 실수로도 큰 손실을 보는 경우가 많다. 부가가치세는 원래 최종소비자가 부담하고 사업자가 대신 납부하는 간접세다. 그렇다 보니 세법에서 과세요건과 세금계산서 발급에 대해 하나부터 열까지 세세하게 규정하고 있다. 만약 부가가치세법에 있는 사항을 어기면 사업자는 큰 손해를 보게 된다. 예를 들어, 세금계산서를 제때 발행하지 않거나 늦게 받으면 거액의 세금을 내야 하는 경우도 발생한다.

넷째, 부가가치세는 절세 효과가 다른 세금들보다 뛰어나고 공부하기에 쉽다. 사업자가 챙겨야 할 세금의 종류는 상당히 많고, 당연히 챙겨야 할 것도 많다. 그중에서도 법인세나 소득세는 그 분야가 방대하고 복잡한 규정이 많아 사업자가 이해하기가 쉽지 않다. 그에 비해 부가가치세는 간단명료해 쉽게 배울 수 있다. 또 증빙서류와 세법에서 정한 절차만 잘 준수하면 세금을 크게 절약할 수 있다. 사업 규모가 크지 않은 개인사업자라 하더라도 제때 세금계산서를 받는 것만으로 수천만 원을 절세할 수도 있다.

이처럼 부가가치세는 사업자라면 반드시 알아야만 할 세금이면서 가장 쉽게 배울 수 있고 효과적인 세금이다. 작은 회사에서는 절세가 경쟁력임을, 부가가치세를 공부할수록 깨닫게 될 것이다.

우리의 공부를 도와줄 나성공 사장

부가가치세를 아끼는 것이 회사에 있어서 얼마나 중요한지는 이미 설명했다. 하지만 설명만으로는 부족할 수밖에 없다. 가장 좋은 방법은 직접 겪어보는 것이지만, 현실에서 과도한 세금을 물면서 절세 방법을 배우려면 너무 타격이 크다. 그래서 수많은 절세 방법들을 우리를 대신해 경험해줄 사람이 필요하다.

초보 사장인 나성공은 우리가 앞으로 함께 공부하게 될 절세 노하우들을 직접 경험하고, 실수를 저지르기도 하면서, 부가가치세 절세 방법을 우리에게 알려줄 것이다. 나아가 그가 세무사를 만나 상담을 받기 전과 상담 후에 작성한 두 개의 부가가치세 신고서를 통해, 부가가치세를 절세하는 것만으로 얼마나 큰 돈을 아낄 수 있는지도 보여줄 것이다. 이제 나성공 사장에 대해 간략히 살펴보자.

나성공 사장은 고등학교를 마치자마자 생업전선에 뛰어들어 흔히 말하는 '노가다'부터 호텔 접시닦이와 생산직근로자, 식당 배달

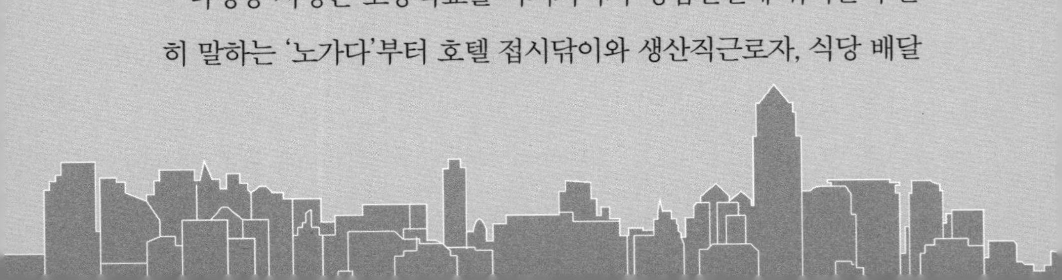

부에 노점상까지 산전수전에 공중전까지 겪었다. 마흔을 넘겼을 때, 그간 열심히 노력한 덕에 제법 큰 종잣돈이 마련됐다. 여기에 약간의 대출을 받아 2층짜리 건물을 짓고 한우전문 음식점을 창업하였다. 토지만 해도 3억 원, 건물은 부가가치세 포함해 5억 5,000만 원이나 들었다. 내부 인테리어와 집기 구입에 부가가치세를 포함해 2억 2,000만 원이 들어, 초기 투자금만 해도 10억 원이 훌쩍 넘었다.

2017년 5월 초에 건물이 완공됐고, 7월 초에 인테리어가 끝나자 정식으로 개업했다. 그리고 몇 달이 지났을 때, 누군가가 나 사장에게 혹시 모르니 인테리어 비용에 대해서도 세금계산서를 받아둘 것을 조언했지만, 그때는 이미 인테리어 업체가 폐업을 한 후였다. 나성공 사장은 별일이야 있겠냐 싶어 대수롭지 않게 넘겼다.

나 사장이 생각하는 고깃집의 핵심은 좋은 고기와 서비스였기에, 직접 강원도에 가서 한우를 가져오고 단체손님 픽업 용도로 쓸 15인승 승합차까지 준비했다.

개업을 하자마자 손님들이 물밀 듯 밀려왔다.

영업을 시작하고 6개월이 눈 깜짝할 사이에 지나갔다. 해가 바뀌어 2018년 1월이 되니, 세무서로부터 부가가치세 신고를 하라는 안내장이 나왔다. 사업을 해본 적도, 세무 쪽을 공부해본 적도 없는 나 사장은 그간 사용한 비용과 번 돈을 표로 대략 정리했다.

매출				매입			
구분	내용	공급가액	부가가치세액	구분	내용	공급가액	부가가치세액
신용 카드 현금 영수증 발급분	음식 판매	600,000,000원	60,000,000원	세금 계산서	식재료 주류와 음료수	170,000,000원	17,000,000원
				세금 계산서	단체 고객용 15인승 승합차	20,000,000원	2,000,000원
				세금계 산서	전기 요금 도시 가스 통신비	10,000,000원	1,000,000원
				신용 카드 현금 영수증 매입분	식재료 및 소모성 집기류	100,000,000원	10,000,000원
				계산서 매입분	육류 및 농 수산물	100,000,000원	0원
				인건비	종업원	100,000,000원	0원

이를 바탕으로 나 사장은 처음으로 부가가치세 신고서를 작성해 보았다.

일단 사업자등록증을 보고 사업자번호와 인적사항을 적은 후 과세표준과 매출세액을 적었다. 세금계산서를 발행한 적은 없으니 신용카드와 현금영수증 매출액으로 6억 원을 기입했다. 매입세액이라는 말이 낯설었지만, '우리가 사온 거겠지'라는 생각에 지금껏 받은 세금계산서를 정리해 2억 원을 적어 넣었다. 부가가치세는 10%니 거기에 2,000만 원을 기입했다. 그리고 최종적으로 계산을 해봤다. 매출세액 6,000만 원, 매입세액 2,000만 원.

"뭐야! 부가가치세만 4,000만 원이나 내야 된다고? 소득세까지 내면 남는 게 없잖아!"

순간적으로 정신이 멍해졌던 나 사장은 뭔가 대책이 필요하다는 생각에 세무사를 찾아가기로 했다.

❶ 신 고 내 용						
구 분				금 액	세율	세 액
과세표준 및 매출세액	과세	세금계산서 발급분	(1)		10/100	
		매입자발행 세금계산서	(2)		10/100	
		신용카드 · 현금영수증 발행분	(3)	600,000,000	10/100	60,000,000
		기타(정규영수증 외 매출분)	(4)			
	영세율	세금계산서 발급분	(5)		0/100	
		기 타	(6)		0/100	
	예 정 신 고 누 락 분		(7)			
	대 손 세 액 가 감		(8)			
	합 계		(9)	600,000,000	㉮	60,000,000
매입세액	세금계산서 수 취 분	일 반 매 입	(10)	180,000,000		18,000,000
		고정자산 매입	(11)	20,000,000		2,000,000
	예 정 신 고 누 락 분		(12)			
	매입자발행 세금계산서		(13)			
	그 밖의 공제매입세액		(14)			
	합계(10)+(11)+(12)+(13)+(14)		(15)			
	공제받지 못할 매입세액		(16)			
	차 감 계 (15)−(16)		(17)	200,000,000	㉯	20,000,000
납부(환급)세액 (매출세액㉮−매입세액㉯)					㉰	40,000,000
경감 · 공제세액	그 밖의 경감 · 공제세액		(18)			
	신용카드매출전표등 발행공제 등		(19)			
	합 계		(20)		㉱	
예 정 신 고 미 환 급 세 액			(21)		㉲	
예 정 고 지 세 액			(22)		㉳	
사업양수자의 대리납부 기납부세액			(23)		㉴	
매입자 납부특례 기납부세액			(24)		㉵	
가 산 세 액 계			(25)		㉶	
차감 · 가감하여 납부할 세액(환급받을 세액)(㉰−㉱−㉲−㉳−㉴−㉵+㉶)					(26)	40,000,000
총괄 납부 사업자가 납부할 세액(환급받을 세액)						

기적의
절세법

Ⅱ

부가가치세를 모르면 손해 보는 것들

01
/
세금계산서 제때 안 받으면 큰코다친다

1. 세금계산서 늦게 받으면 사업이 흔들릴 수 있다

세금계산서를 제때 받지 않아 큰 손해를 보는 사업자가 많다. 세법에서 정한 시기에 세금계산서를 발급받지 않으면 부가가치세 매입세액공제를 받을 수 없는데, 이 금액이 사업의 근간을 흔들 정도로 클 때도 있다. '설마 그 정도겠어?'라고 생각할 수도 있지만, 실제로 종종 그런 사례를 접하게 된다. 단지 세금계산서 하나 제때 받지 않았다는 이유만으로 내지 않아도 될 세금을 내고, 이 때문에 사업이 흔들린다면 얼마나 억울하겠는가? 이런 상황을 피하려면 부가가치세법에서 정한 시기에 세금계산서를 받아야 한다.

세금계산서를 주고받는 시기를 지키지 못하면 여러 가지 불이익이 있다. 이런 불이익을 받지 않으려면 부가가치세 신고와 과세기간을 정확히 알아야 한다.

부가가치세 신고기간은 간이과세자와 일반 개인사업자 그리고 법인이 모두 다르다. 간략하게 설명하자면, 부가가치세 신고에는 '예정신고'와 '확정신고'가 있다. 예정신고는 법인사업자에게만 해당하는 것으로, 1년에 2차례(4월과 10월) 신고하면 된다. 확정신고는 해당 과세기간(6개월)의 세액을 확정하여 신고하는 것으로, 개인 일반사업자와 법인은 1년에 2차례(1월과 7월) 신고한다. 간이과세자는 1년에 1번(1월) 신고하게 되어 있다.

이를 표로 나타내면 다음과 같다.

사업자 유형에 따른 부가가치세 신고 · 납부 및 과세기간

	법인사업자			개인사업자(일반)		간이과세자
과세기간	과세대상기간		신고기간	과세대상기간	신고기간	과세기간
제1기 1.1~6.30	예정신고	1.1~3.31	4.1~4.25	1.1~6.30	7.1~7.25	1.1~12.31
	확정신고	4.1~6.30	7.1~7.25			
제2기 7.1~12.31	예정신고	7.1~9.30	10.1~10.25	7.1~12.31	다음해 1.1~1.25	신고기간
	확정신고	10.1~12.31	다음해 1.1~1.25			1.1~1.25

부가가치세법에서는 재화 또는 용역의 공급시기에 세금계산서를 주고받도록 규정하고 있다. 만약 이 시기를 어겨 세금계산서를

발급받을 경우의 불이익은 각각 다음과 같다.

(1) 공급시기가 속한 과세기간의 확정신고기한 내에 발급받는 경우

예를 들어, 7월에 물품을 구매하고 세금계산서는 9월에 받는 경우를 생각해보자. 위의 표에 나온 부가가치세 과세대상기간을 보면, 7월과 9월은 모두 2기 과세기간에 속한다. 이렇듯 공급시기가 지나서 세금계산서를 받더라도 해당 과세기간에 대한 확정신고기한인 다음 해 1월 25일까지 발급받은 경우, 판매자에게는 공급가액의 1%의 가산세를 매입자에게는 0.5%의 가산세를 각각 부과한다. 단, 이 경우 매입자는 매입세액공제는 받을 수 있다.

(2) 공급시기가 속한 과세기간의 확정신고기한 후에 발급받는 경우

예를 들어, 7월에 물품을 구매하고 세금계산서를 다음 해 2월에 발급받았다고 해보자. 7월과 다음 해 2월은 부가가치세 과세대상기간이 다르다. 이렇게 공급시기가 속한 과세기간의 확정신고기간 후에 세금계산서를 발급받는 경우, 판매자는 공급가액의 2%를 세금계산서 미발급 가산세로 내야 한다. 그리고 매입자는 매입세액을 공제받을 수 없다.

세금계산서는 대금지급 여부와 관계없이 반드시 재화 또는 용역의 공급시기에 주고받아야 불이익을 받지 않는다.

건물의 신축공사 등과 같이 장시간을 요하는 용역을 제공할 경우, 공사가 완료된 날에 세금계산서를 발행하는 것이 원칙이다. 만약 공사 시공자의 자금 사정을 고려하여 계약금 · 중도금 · 잔금 등으로 공사대금을 분할하여 받기로 했다면, 계약서상 받기로 한 각 날짜에 세금계산서를 발행할 수 있다.

비록 계약서상 잔금청산일이 명시되어 있더라도 ①잔금청산일 ②공사완료일(사용승인일) ③준공검사일 ④실제 사용일 중 가장 빠른 날을 최종 거래일로 하여 잔금에 대해 세금계산서를 발행하여야 한다.

시작하면서 말한 '사업의 근간이 흔들리는 경우가 있다'는 말이 과장이라고 생각한다면 38쪽의 나성공 사장을 예로 들어 살펴보자. 나성공 사장은 건물을 신축하면서 공사비로 5억 원과 부가가치세 5,000만 원을 썼다. 여기서 부가가치세 5,000만 원은 본래 매입세액공제가 가능한 항목이다. 하지만 나성공 사장은 앞에서 말한 부가가치세법상 세금계산서 받는 시기를 놓쳤다. 당연히 이 금액에 대해 매입세액공제를 받을 수 없다. 2017년 5월에 공사가 완료되었는데 뒤늦게 부가가치세 매입세액공제를 받으려고 다음 과세기간인 8월에 세금계산서를 받았다. 하지만 공급시기가 지난 과세기간에 발급받은 세금계산서이므로, 매입세액공제를 받을 수 없다. 만약 공제나 환급을 신청한다면, 공제를 받긴커녕 추가로 신고불성실 가산세 500만 원과 매입처별세금계산서합계표 불성실 가산세 500만 원을 합친 1,000만 원을 내야 하는 상황이다. 즉, 세금계산서를 제때 받지 않아서 환급받을 수 있었을 돈 5,000만 원을 날리고 거기에 가산세 1,000만 원까지 총 6,000만 원을 손해 볼 수도 있는 것이다.

6,000만 원이라는 금액은 객관적으로도 적은 액수가 아닌데 처음 사업을 시작해 고작 6개월밖에 영업하지 않은 개인사업자에게는 더욱 크게 느껴질 수밖에 없다. 어지간한 식당은 장사가 잘된다 해도 6개월 만에 '순이익' 6,000만 원을 올리기 힘들다. 즉, 나성공 사장이 늦게 발급받은 세금계산서로 부가가치세 환급신청을 했다면, 자신이 반년 동안 번 돈보다 큰돈을 날리게 되는 것이다.

하지만 이런 상황을 안 좋게 생각할 일만은 아니다. 나성공 사장이야 이미 늦었지만, 미리 세법을 알고 제때 세금계산서를 받기만 했다면 5,000만 원의 부가가치세 환급을 받을 수 있다는 뜻이기도 하니까 말이다. 정리하자면, 부가가치세법 한 가지를 알고 지키는 것만으로 마이너스(-) 6,000만 원이 사라지고 플러스(+) 5,000만 원이 생겨날 수도 있다는 뜻이다.

2. 세금계산서 발행시기의 원칙

간혹 외상으로 물건을 팔고 대금을 받을 때 세금계산서를 발행하는 사업자가 있다. 그리고 돈을 못 받으면 세금계산서를 발행하지 않고 돈을 받는 시점에 세금계산서를 발행하기도 한다. 과연 이렇게 세금계산서를 발행하는 것이 맞을까?

말했듯이, 세금계산서는 원칙적으로 재화나 용역의 '공급시기'에 발행해야 한다.

그렇다면 재화와 용역의 공급시기란 무슨 뜻일까? 살펴보면 다음과 같다.

(1) 재화의 공급시기

① 현금판매, 외상판매, 할부판매: 재화가 인도되거나 이용 가능하게 되는 때

② 1년 이상 장기할부판매: 대가의 각 부분을 받기로 한 때

③ 반환조건부판매, 동의조건부판매, 기타 조건부 및 기한부판매: 조건이 성취되거나 기한이 경과되어 판매가 확정되는 때

④ 완성도기준지급 또는 중간지급조건부로 재화를 공급하거나, 공급단위를 구획할 수 없는 재화를 계속적으로 공급하는 경우: 대가의 각 부분을 받기로 한 때

외상판매를 하더라도 대금 결제 시점에 세금계산서를 발행하는 것이 아니라 재화를 인도하는 시점, 즉 판매 시점에 세금계산서를 발행해야 한다. 만약 위의 사례처럼 대금 결제 시점에 발행할 경우 잘못하면 가산세를 내게 될 수도 있다.

할부판매의 경우, 할부기간이 1년 미만이냐 1년 이상이냐에 따라 다르다. 할부가 1년 미만이라면 재화가 인도된 시점에서 발행해야 하고, 1년 이상이라면 대금을 받을 때마다 발행해야 한다.

예를 들어, 1,000만 원짜리 공구를 10개월 할부로 판매한다면 세금계산서는 공구를 인도한 시점에 발행해야 한다. 만약 매월 50만 원씩 20개월 할부로 판매했다면, 20개월간 달마다 50만 원짜리 세금계산서를 발행하면 된다.

(2) 용역의 공급시기

① 통상적인 경우: 역무가 제공되거나 재화 · 시설물 또는 권리가 사용되는 때

② 완성도 기준지급, 중간지급, 1년 이상 장기할부, 기타 조건부로 용역을 공급하거나 그 공급단위를 구획할 수 없는 용역을 계속적으로 공급하는 경우: 대가의 각 부분을 받기로 한 때

일반적으로 용역은 제공되는 시점에 세금계산서를 발행해야 한다. 예를 들어, 음식점 사업자는 음식을 판 시점에 세금계산서를 발행하면 된다. 건설공사도 용역에 포함되는데, 이 경우에는 공사기간에 긴 시간이 소요될 수 있다. 이럴 때는 완성도 지급기준을 사용하기도 한다. 10억 원짜리 상가 건물 공사를 하는 건설회사가 10% 만큼 공사를 완성했다면 1억 원에 대해 세금계산서를 발행하는 식으로, 진행률에 따라 세금계산서를 발행하는 것이다.

(3) 세금계산서 발행시기의 특례

세금계산서 발행시기에도 몇 가지 예외를 두고 있다.

첫째, 공급시기 이전에 선불로 돈을 받은 경우

사업자가 재화 또는 용역의 공급시기 이전에 그 대가의 전부 또는 일부를 미리 받는 경우가 있다. 이 경우, 재화나 용역을 공급하기 전이지만 미리 받은 대가에 대해서는 세금계산서를 발급할 수 있는데, 이 발급하는 때를 재화나 용역의 공급시기로 본다.

둘째, 사업자가 공급시기 이전에 세금계산서를 발행하고 7일 이내에 대가를 받는 경우

사업자가 재화 또는 용역의 공급시기가 되기 전에 세금계산서를 발급하는 경우가 있다. 이때 그 세금계산서 발급일로부터 7일 이내에 대가를 받으면 해당 세금계산서를 발급한 때를 재화 또는 용역의 공급시기로 본다.

셋째, 거래 당사자 간 30일 이내에 대금을 받기로 약정한 경우

이 경우, 아래 요건을 모두 충족하면 공급하는 사업자가 그 재화 또는 용역의 공급시기가 되기 전에 미리 세금계산서를 발행할 수 있다.

- ♦ 거래 당사자 간의 계약서 · 약정서 등에 대금 청구시기와 지급시기를 따로 적을 것
- ♦ 대금 청구시기와 지급시기 사이의 기간이 30일 이내일 것

넷째, 거래가 빈번한 경우

한 거래처와 거래가 빈번해 한 달에 여러 차례 거래하는 경우가 있는데, 그때마다 세금계산서를 발행하기가 번거롭다. 이럴 때는

'월합계 세금계산서'를 발행할 수 있다.

예를 들어, 같은 거래처와 10월 1일부터 30일까지 여러 차례 거래가 있었다면 그 기간의 거래를 모두 합쳐 10월 31일 자로 세금계산서를 발행할 수도 있다. 같은 달에 속해 있기만 하다면 1~10일, 1~15일 등을 구간으로 세금계산서를 발행하는 것도 가능하다. 단, 달이 바뀌어서는 안 된다. 10월 20일~11월 5일은 기간상 한 달이 안 되지만, 달이 10월에서 11월로 바뀌었기 때문에 월합계 세금계산서를 발행할 수 없다.

(4) 세금계산서 관련 가산세

세금계산서의 발급 시기를 놓치거나 아예 발급하지 않을 경우 가산세를 내야 한다. 그 종류로는 다음과 같은 것들이 있다.

① 지연발급가산세: 공급시기가 속한 달의 다음 달 10일을 지나서 발급하는 경우에 내는 가산세로, 공급가액의 1%다. 예를 들어, 1월 31일에 부가가치세 100만 원을 포함한 1,100만 원의 거래를 한 경우, 2월 10일까지 세금계산서를 발행하지 않으면 공급가액 1,000만 원의 1%인 10만 원을 가산세로 내야 한다.

② 미발급가산세: 공급시기가 속한 과세기간의 확정신고기한까지 세금계산서를 발급하지 않은 경우에 내는 가산세로, 공급가액의 2%다. 예를 들어, 4월 30일에 부가가치세 200만 원을 포함

한 2,200만 원의 거래를 하고 과세기간(1~6월)의 확정신고기한인 7월 25일까지 세금계산서를 발행하지 않은 경우다. 이때에는 공급가액 2,000만 원의 2%인 40만 원을 가산세로 납부해야 한다. 또한, 이렇게 공급시기가 속한 과세기간의 확정신고기한이 지나 세금계산서를 받은 경우, 매입자는 부가가치세 매입세액공제를 받지 못한다.

3. 개업 전이라도 세금계산서를 받아야 한다

많은 사람들이 개업을 해야 정식으로 사업이 시작된다고 여겨 개업 전의 거래에 대해서는 세금계산서를 신경 쓰지 않는 경향이 있다. 하지만 절대 그래서는 안 된다. 세금계산서는 개업 전에라도 반드시 받는 것을 습관화해야 한다. 개업 전에 사용한 비용이라도 사업에 관련해서 구매한 것을 증명할 수 있다면 부가가치세 매입세액공제를 받을 수 있다. 이때 사업자등록을 하기 전이라면 사업자번호가 없기 때문에 공급받는 자에 사업자 본인의 성명과 주민등록번호로 세금계산서를 받으면 된다.

특히 개업 전의 인테리어 비용이나 사무실용 집기 등 고정자산을 구입한다면 그 비용이 만만치 않은데, 개업 전이라는 이유로 세금계산서를 받지 않아 피해를 보는 사람이 많다.

38쪽의 나성공 사장은 초기 인테리어 비용으로만 2억 원 넘게 투자했지만, 개업 전이라는 이유로 세금계산서를 챙기지 않아 낭패를 봤다. 지인의 조언에 따라 늦게라도 인테리어 비용에 대한 세금계산서를 발급받으려 했지만, 거래했던 인테리어 업체가 이미 폐업한 후였다. 결국은 세금계산서를 받지 못했고, 나성공 사장은 2,000만 원이 넘는 부가가치세 매입세액공제를 받지 못하게 된 것이다.

여기서 한 가지 더 짚고 넘어갈 아주 중요한 사실이 있다. 사업자들 중에서도 특히 신규사업자에게 먼저 접근해 부가가치세만큼 금액을 깎아줄 테니 세금계산서 없이 작업을 진행하자고 하는 업체가 있는데, 이런 경우 조심해야 한다. 이런 제안을 받으면 당장 지출이 줄어드니 좋은 일이라고 생각해 덥석 승낙하는 사업자가 많다. 하지만 어차피 부가가치세를 내더라도 세금계산서를 받으면 나중에 매입세액공제나 환급을 받을 수 있으므로 실질적인 이득은 거의 없다고 할 수 있다.

문제는 부가가치세가 아니라 소득세에서 생긴다. 인테리어나 비품 구입을 하면서 받은 세금계산서가 있으면 고정자산의 감가상각비로 필요경비로 인정받을 수 있다. 만약 나성공 사장이 2억 원에 이르는 인테리어 비용을 5년에 걸쳐 감가상각한다면 매년 4,000만 원을 비용으로 처리할 수 있다. 이는 다시 말해, 5년간 해마다 적게는 약 540만 원에서 많게는 1,848만 원까지 세금을 절약할 수 있다는 의미다. 감가상각비를 비용으로 인정받으면 그만큼 순이익이 떨어져 세금을 덜 내게 되기 때문이다.

실제로 계산을 해보자. 주지하다시피 우리나라는 소득수준이 높아짐에 따라 세율도 높아지는 누진세 제도를 시행하고 있다. 다음은 소득구간별 소득세율과, 그에 따라 4,000만 원을 비용으로 인정받을 경우 아낄 수 있는 금액을 나타낸 표다.

과세표준	세율(지방소득세 포함)	감가상각비 계상으로 소득세 절세금액
1,200만 원 이하	6.6%	541만 2,000원
1,200만 원 초과 4,600만 원 이하	16.5%	
4,600만 원 초과 8,800만 원 이하	26.4%	1,056만 원
8,800만 원 초과 1억 5,000만 원 이하	38.5%	1,540만 원
1억 5천만 원 초과 3억 원 이하	41.8%	1,672만 원
3억 원 초과 5억 원 이하	44%	1,760만 원
5억 원 초과	46.2%	1,848만 원

4,000만 원을 경비로 인정받을 경우 순이익이 그만큼 줄어든다. 만약 개인사업자의 순이익이 4,000만 원일 때 감가상각비 4,000만 원을 필요경비로 차감하면 소득세를 541만 2,000원 절약할 수 있다. 순이익 4,000만 원에 대해 1,200만 원까지는 6.6%인 79만 2,000원, 1,200만 원을 초과한 2,800만 원에 대해서는 16.5%인 462만 원을 절세할 수 있고 만약 사업이 잘돼 순이익이 5억 원을 초과한다면 최대 1,848만 원의 세금을 아낄 수 있다.

이러한 소득세 절세효과는 비단 1년만 해당하는 것이 아니라 감가상각기간인 5년간 지속해서 받을 수 있다는 것을 명심해야 한다. 이 경우 5년간 최소한 약 2,700만 원에서 최대 9,240만 원의 소득세를 절세할 수 있다. 이처럼 인테리어나 고정자산에 대한 세금계산서를 받는 것은 절세를 위해 필수 불가결한 것이다.

법인세율은 각 사업연도소득 2억 원 이하는 11%(지방세 포함), 2억 원 초과 200억 원 이하는 22%(지방세 포함), 200억 원 초과 3,000억 원 이하는 24.2%(지방세 포함), 3천억 원 초과는 27.5%(지방세 포함)이다. 위의 사례처럼 4,000만 원을 비용으로 처리할 경우 법인세를 최소 440만 원에서 최대 1,100만 원까지 절세할 수 있다. 이러한 효과도 마찬가지로 감가상각기간인 5년간 지속된다.

이처럼 세금계산서의 유무에 따라 부가가치세와 소득세 또는 법인세에 큰 차이가 발생한다. 그러므로 개업 전이라도 세금계산서는 반드시 받아야 한다. 만약 개업 전이라 사업자등록이 없다면 주민등록번호를 기재하여 세금계산서를 받으면 된다. 예를 들어, 6월 30일에 개업하면서 사업자등록을 신청했다면, 같은 해 1~6월에 사업과 관련해서 지출한 돈은 주민등록번호를 기재하여 받은 세금계산서나 신용카드매출전표(현금영수증)로 부가가치세 매입세액공제를 받을 수 있다.

판매자가 정상 사업자인지 알아보는 방법

앞서 이야기한 나성공 사장처럼 거래 상대방이 휴업이나 폐업을 해서 세금계산서를 받지 못하는 경우가 있다. 만약 나성공 사장이 거래 당시에 세금계산서를 받아두었더라면 2,000만 원을 부가가치세 매입세액공제도 받고 소득세도 절세할 수 있었을 것이다. 하지만 이보다 억울한 경우도 있다. 분명 제때 세금계산서를 받았는데도 공제를 받지 못하는 때가 있는 것이다.

특히 평소 거래를 하지 않던 사람으로부터 시세보다 저렴하게 물품을 납품하겠다는 제의를 받는 경우 주의가 필요하다. 이런 경우, 거래상대방이 정상사업자인지, 세금계산서는 정상인지를 우선 확인해야 한다. 거래 상대방이 휴업 또는 폐업자이거나, 세금계산서가 다른 사업자 명의로 발급된 때에는 실제 거래를 했더라도 부가가치세 매입세액공제를 받을 수 없기 때문이다.

이런 일이 생기지 않도록 두 가지를 확인해 봐야 한다.

첫째, 거래상대방이 일반과세자가 맞는지, 폐업자는 아닌지를 국세청 홈택스 홈페이지를 통해 확인해야 한다. 폐업자나 간이과세자, 면세사업자는 세금계산서를 발급할 수 없으므로, 이들이 발급한 세금계산서는 효력이 없어 매입세액공제를 받을 수 없기 때문이다. 특히, 폐업자가 폐업신고를 한 후 재고품을 처리하는 과정에서 종전의 사업자등록번호로 세금계산서를 발급하는 경우가 종종 있으므로, 거래상대방이 의심스러울 때는 반드시 확인해보는 것이 좋다.

둘째, 물건을 판 사업자 본인이 발급한 세금계산서가 맞는지 꼼꼼히 확인한다. 최근에는 판매자가 자신의 매출을 숨기기 위해 다른 사람 명의로 세금계산서를 발급하는 경우가 있는데, 이런 세금계산서를 '거짓세금계산서'라 한다. 거짓세금계산서로는 매입세액공제를 받을 수 없다.

거래 상대방이 정상사업자인지 알아보는 사업자 휴폐업 조회방법은 다음과 같다.

※ 홈택스(www.hometax.go.kr) 이용법

① 국세청 홈택스에서 「조회/발급」

② 「사업자상태」 – 「사업자등록번호로 조회」

02

간이과세자가 무조건 좋은 것은 아니다

1. 간이과세자가 뭐길래?

사업을 시작하기 전에 상담을 요청하는 예비 사장님들이 자주 하는 질문 중 하나가 "간이과세자로 등록하는 게 좋겠죠?"라는 것이다.

간이과세자란, 직전 연도 매출이 4,800만 원 미만인 소규모 개인사업자를 가리키는 말이다. 그런데 처음부터 간이과세자로 등록할까 고민한다니, 매출 목표를 4,800만 원 아래로 잡은 것일까? 물론 그럴 리가 없다. 누구든 사업을 시작할 때는 대박을 꿈꾸거나, 돈

욕심이 없는 사람이라 해도 순매출이 아닌 총매출 4,800만 원을 목표로 하진 않는다. 그럼에도 예비 사장님들이 간이과세자로 등록하는 것을 진지하게 고민하는 이유는 뭘까?

이유는 무척 단순하다. 간이과세자는 세금이 적게 나온다는 믿음 때문이다. 그리고 이런 믿음은 대체로 옳지만, 100% 옳지는 않다. 때로는 간이과세자가 세금에서 손해를 보기도 한다.

지인의 소개로 알게 된 장난감 가게 사장님이 있다. 10년 이상을 장난감 공장에서 생산직으로 일했고, 잠시 영업직을 맡은 적도 있어서 장난감에 대해서라면 이골이 난 분이었다. 마흔이 되기 전에 자신의 사업을 하겠다는 꿈이 있었기에, 퇴직금과 예금을 합친 금액에 주택담보대출을 추가로 받아 장난감 가게를 창업했다. 아파트가 밀집된 곳에 차렸고, 시기도 적절하게 크리스마스를 겨냥해 11월에 개업했다. 좁은 가게였지만, 오랫동안 장난감 업계에서 일해왔고, 생산부터 영업까지 고루 경험을 쌓은 사람답게 사업은 순탄했다. 신혼부부부터 40대까지의 비교적 젊은 입주자들이 많은 아파트라 아이들 선물로 장난감을 많이 사갔다.

그분이 날 찾아온 것은 1월이 되어 부가가치세를 신고할 때였다. 장사가 잘되긴 했지만 초기 인테리어와 진열대 구입, 재고 확보 등으로 많은 돈을 썼으니 환급을 받을 수 있게 도와달라는 것이었다. 물론 나는 성심성의껏 도와드렸다.

확인해보니 매입이 매출보다 1억 원 이상 더 많은 상황이었다.

이런 상황이면 부가가치세를 1,000만 원가량 환급받아야 정상이다. 하지만 결과적으로 그 사장님은 환급을 받지 못했다. 처음 사업자등록을 할 때 간이과세자로 한 것이 문제였다.

간이과세자는 아무리 매입세액이 많더라도 부가가치세 환급을 받을 수 없다. 왜일까? 이유는 '업종별 부가가치율' 때문이다. 간이과세자는 공급대가(공급가액+부가가치세)의 10%에 대해 업종에 따라 정해진 업종별 부가가치율을 곱해 부가가치세를 계산한다. 업종별 부가가치율은 최저 5%에서 최대 30%이기 때문에 일반과세자보다 부담이 훨씬 적어진다.

간이과세자의 업종별 부가가치율

<table>
<tr><th>업 종</th><th>부가가치율</th></tr>
<tr><td>전기 • 가스 • 증기 • 수도</td><td>5%</td></tr>
<tr><td>소매업</td><td rowspan="3">10%</td></tr>
<tr><td>재생용 재료수집 및 판매업</td></tr>
<tr><td>음식점업</td></tr>
<tr><td>제조업</td><td rowspan="4">20%</td></tr>
<tr><td>농 • 임 • 어업</td></tr>
<tr><td>숙박업</td></tr>
<tr><td>운수 및 통신업</td></tr>
<tr><td>건설업</td><td rowspan="3">30%</td></tr>
<tr><td>부동산임대업</td></tr>
<tr><td>기타 서비스업</td></tr>
</table>

그런데 이 업종별 부가가치율 때문에 부가가치세 환급을 받을 수 없다니, 무슨 소리일까? 업종별 부가가치율 때문에 납부세액에

서 이득을 보는 대신, 매출세액 내에서 공제만 해줄 뿐 매입세액이 매출세액을 초과해도 환급은 해주지 않는다. 아이러니하게도 간이과세자가 일반과세자에 비해 받고 있는 가장 큰 혜택 때문에 환급을 받지 못하는 것이다. 그러므로 초기 시설투자가 많은 경우 일반과세자로 신청하는 게 유리할 수 있다.

초기 투자가 많은 사업자가 일반과세자로 등록했을 때와 간이과세자로 등록했을 때 얼마만큼의 부가가치세 차이가 있는지 계산을 통해 확인해보자. 부가가치세를 포함한 매출과 매입이 각각 5,500만 원과 1억 6,500만 원인 사업자가 있다고 해보자. 이를 토대로 부가가치세 납부 및 환급액을 계산해보면 다음 표와 같다.

	일반과세자	간이과세자
매출 공급가액	50,000,000원	550,000원 (계산) 공급대가 5,500만 원 × 0.1 × 0.1
매출세액	5,000,000원	
매입 공급가액	150,000,000원	1,500,000원 (계산) 매입세액 1,500만 원 × 0.1
매입세액	15,000,000원	
납부(환급세액)	환급세액 10,000,000원	납부·환급세액 0원 * 매입세액이 더 커도 환급은 되지 않는다

만약 38쪽의 나성공 사장이 건물을 올리면서 매입세금계산서 5억 원(부가가치세 5,000만 원)을 세법에서 정한 시기에 제대로 받았다고 해보자. 만약 일반과세자로 사업자등록을 했다면 5,000만 원을 환

급받을 수 있다. 하지만 간이과세자로 등록한 경우 부가가치세 매입세액이 환급되지 않는다. 그러므로 초기 시설투자나 재고자산 매입이 많은 경우에는 일반과세자로 등록하는 편이 간이과세자로 등록하는 것보다 유리할 수 있다.

2. 일반과세자와 간이과세자의 차이

초기 시설투자나 인테리어 비용, 재고자산 매입 등이 많다면 일반과세자로 등록하는 것이 유리할 수 있다는 사실은 이미 설명했다. 그렇다면 그 이외의 경우 어느 쪽이 유리한지 궁금할 것이다.

제대로 판단하려면 크게 두 가지를 알아야 한다. 첫째, 일반과세자와 간이과세자에는 어떤 차이가 있는가? 둘째, 내 사업의 특징이 어느 쪽에 더 잘 맞는가?

이 중, 먼저 일반과세자와 간이과세자의 차이를 알아보자.

	일반과세자	간이과세자
세금계산서 발급여부	가능	불가능
부가가치세 계산	공급가액×10%	공급대가×10%×업종별 부가가치율
부가가치세 환급여부	가능	불가능

위의 표는 일반과세자와 간이과세자의 차이를 간략하게 정리해

놓은 것이다. 이 차이만 잘 파악하고 있다면, 사업자등록을 할 때 일반과세자로 할 것인지 간이과세자로 할 것인지 판단하는 데 큰 도움이 된다.

만약 주로 사업자를 대상으로 하는 도매업이나 제조업을 시작한다고 해보자. 일반과세자와 간이과세자 중 어느 쪽으로 등록하는 것이 유리할까? 다른 요소들도 따져봐야겠지만, 이런 경우는 보통 일반과세자로 등록하는 편이 유리하다. 표에 나와 있듯이 간이과세자는 세금계산서를 발급할 수 없다. 주로 거래하는 고객들이 사업자라면 거래를 할 때마다 세금계산서를 발급받으려 할 텐데, 간이과세자라서 발급을 해주지 못한다면 세금계산서를 발급해줄 수 있는 경쟁 사업자에게 고객을 뺏길 것이다.

하지만 충분히 고민한 후에 간이과세자로 등록하기로 마음먹었다고 해도 업종이나 지역에 따라 간이과세자로 등록할 수 없는 경우도 있으므로, 미리 세무서나 국세청 홈페이지에 문의해봐야 한다.

간이과세자로 사업자등록을 할 수 없는 경우는 다음과 같다.

(1) 일반과세가 적용되는 다른 사업장을 보유하고 있는 사업자. 단, 개인택시, 용달차운송업, 이 · 미용업 등은 제외

(2) 일반과세자로부터 사업의 포괄양수를 받은 사업자

(3) 간이과세 배제업종

① 광업

② 제조업(방앗간, 과자점, 양복점, 양장점, 양화점같이 최종 소비자를 직접 상대하는 사업은 간이과세 적용 가능)

③ 도매업(소매업을 함께 영위하는 경우를 포함하되, 재생용 재료수집 및 판매업은 제외)

④ 부동산매매업

⑤ 변호사업, 심판변론인업, 변리사업, 법무사업, 공인회계사업, 세무사업, 의사업, 약사업, 한약사업, 수의사업 등 이와 유사한 사업 서비스업으로서 기획재정부령이 정하는 것

⑥ 사업장 소재지역, 사업의 종류, 규모 등을 감안하여 국세청장이 정하는 기준에 해당하는 사업

⑦ 둘 이상의 사업장을 운영하는 사업자의 사업장 공급대가 합계액이 4,800만 원 이상인 경우

(4) 종목 기준

서울특별시와 광역시 및 수도권 지역(읍 · 면 지역 제외)에서 다음 종목의 사업을 하는 경우, 간이과세를 적용받을 수 없다.

① 초기 투자비용이 큰 업종: 골프연습장, 주유소, 예식장, 백화점, 볼링장 등

② 주로 사업자와 거래하는 업종: 건설업, 자료처리업, 산업폐기물 수집 처리업 등

③ 고가품, 전문품 취급 업종: 골프장비 소매업, 의료용품 소매업,

귀금속점 등

④ 1회 거래가액이 큰 품목 취급 업종: 피아노, 컴퓨터, 정수기, 대리점 가구, 가전제품 등

⑤ 기타 신종 호황 업종: 피부 · 비만관리업, 음식출장 조달업 등

사업자등록과 변경

사업을 처음 시작할 때 어떤 사업을 할지 정하고 준비와 조사를 마쳤다면, 다음으로 할 일은 사업자등록이다. 사업자등록은 사업장 관할 세무서에 방문하거나 국세청 홈택스 홈페이지에 들어가서 하면 된다.

사업자 등록에 대해 간략하게 알아보자.

1. 사업자등록 신청 기한

사업장이 두 개 이상 있다면, 사업자등록은 사업장마다 해야 한다. 신청 기한은 사업을 시작한 날로부터 20일 이내로, 다음의 구비서류를 갖추어 신청하면 된다.

- 사업자등록신청서 1부
- 허가를 받거나 등록 또는 신고를 하여야 하는 사업의 경우, 사업허가증 · 등록증 또는 신고필증 사본 1부
- 사업개시 전에 등록하고자 하는 경우, 사업허가신청서 사본이나 사업계획서
- 사업장을 임차한 경우, 임대차계약서 사본 1부
- 2인 이상이 공동으로 사업하는 경우, 공동사업 사실을 증명할 수 있는 서류

- 상가건물임대차보호법이 적용되는 건물의 일부를 임차한 경우, 도면 1부. 법인의 경우 정관, 주주 또는 출자자명세서를 구비해야 하고, 필요한 경우 법인 등기부등본 제출
- 금지금 도 · 소매업 과세유흥장소에서 영업하려는 경우, 자금출처 명세서

사업자등록 신청기한을 지키지 않을 시, 공급가액의 1%를 가산세로 내야 한다. 여기서 공급가액이란, 매출액(부가가치세 포함)에서 부가가치세를 제외한 금액이다. 즉, 부가가치세가 포함된 매출액이 1,100,000원이라면 공급가액은 1,000,000원, 부가가치세는 100,000원이다.

2. 사업을 시작하기 전에도 사업자등록을 할 수 있다

사업을 시작하기 전에 상품이나 시설자재 등을 구입하는 경우에는 예외적으로 사업 개시 전 사업자등록을 하여 세금계산서를 교부받을 수 있다. 이때에는 사업을 개시할 것이 객관적으로 확인되어야 한다.

3. 사업자등록신청 전 허가, 신고, 등록 여부 확인

관할관청의 허가, 신고, 등록대상 업종인 경우에는 사업자등록 신청 시 허가(신고, 등록)증 사본을 제출해야 한다. 단, 허가(신고, 등록)전에 사업자등록신청을 하는 경우에는 허가(등록)신청서 사본 또는 사

업계획서를 제출하고 추후 허가(신고, 등록)증 등의 사본을 제출할 수 있다. 생활공감지도 홈페이지(http://www.gmap.go.kr)를 활용하면 된다.

4. 사업자등록을 정정해야 하는 사유

사업을 하다 보면 사업자등록을 정정해야 하는 경우가 있다. 다음과 같은 경우에 정정을 해야 하며, 사업자등록정정신고서에 사업자등록증과 이를 증명하는 서류를 첨부하여 사업장 관할세무서장에게 제출하면 된다.

① 상호를 변경하는 때

② 통신판매업자가 사이버몰의 명칭 또는 인터넷 도메인 이름을 변경하는 때

③ 법인의 대표자 변경

④ 고유번호를 받은 단체의 대표자 변경

⑤ 상속에 의한 사업자 명의 변경

⑥ 임대차계약 내용에 변경이 있거나 새로이 상가건물을 임차한 때 ('상가건물임대차보호법'에 의한 임차인이 사업자등록 정정 · 확정일자를 신청하고자 하는 경우 및 확정일자를 받은 임차인에게 위 변경이 있는 경우에 한함)

03

/

자동차, 순간의 선택이 세금을 좌우한다

1. 업무용 자동차를 샀는데 왜 부가가치세를 내야 할까?

자동차가 모든 사업에 필요한 것은 아니지만, 요즘 시대에는 아무래도 필수품에 가깝다. 운송업 종사자가 아니더라도 거래처를 자주 방문한다거나 직접 물건을 사러 다니는 등, 자동차가 없으면 불편한 사업이 많다.

그래서인지 요즘은 사업을 시작할 때부터 자동차를 구입하는 경우가 늘고 있다. 하지만 사업을 하려면 자동차를 살 때도 주의해야 한다. 단순히 취향이나 가격, 성능만을 고려했다가는 큰 손해를 볼 수도 있기 때문이다.

작은 사업을 하는 내 친구 하나도 차를 잘못 사서 후회한 적이 있다. 이 친구는 직접 전국 각지에 흩어져 있는 거래처들을 돌아다니면서 물건을 보고 가격 협상까지 해야 했는데, 초반에는 힘들더라도 대중교통을 이용했다. 한 푼이라도 아끼겠다는 생각으로 기차나 버스를 이용했고, 지방에서 약속이 있으면 전날 밤에 출발해 찜질방에서 잠을 자고 미팅에 참석했다. 그리고 사업을 시작한 지 4년 만에 차를 장만했다. 처음 사업을 시작하면서 내게 "3년 안에 저 차 산다"며 의지를 불태운 고급 수입승용차(5인승)가 있었는데, 목표보다 1년 늦긴 했지만 결국 장만한 것이다. 당시 별다른 옵션 없이 차량 가격만으로도 8,000만 원이 넘을 정도로 고가의 자동차였다. 시승식을 한다며 친구 몇 명을 태우고 의기양양하게 고속도로를 달리기도 했다. 이제 기차 시간을 기다리거나 찜질방에서 쪽잠을 잘 필요가 없어진 친구는 무척 만족해했고, 사업도 조금씩 번창했다.

그런데 3년쯤 지나서 이 친구가 울상을 지으며 나를 찾아왔다. 얼마 전, 세무서로부터 '비영업용 소형승용차에 대해 부가가치세 부당공제를 받았으니 세금을 납부해야 한다'는 연락이 왔다고 했다. 알고 보니 이 친구가 꿈에도 그리던 그 고급 수입승용차 구입비용과 유지비용을 모두 부가가치세 신고 시 매입세액공제로 신청했던 것이다. 비용도 상당해서 자동차값에 대한 부가가치세만 해도 800만 원, 수리비와 기름값의 부가가치세가 거의 1,000만 원이 넘었다. 거기다 가산세까지 붙어 3,000만 원 가까운 부가가치세가 나왔다.

이 친구는 무엇을 잘못한 걸까? 크게 두 가지다. 첫째는 세금계산서나 신용카드 매출전표만 있으면 무조건 매입세액공제가 되는 걸로 착각했다는 것이고, 둘째는 세무사를 친구로 뒀으면서 단 한 번도 그런 사안에 대해 묻지 않았다는 것이다. 사업이 완전히 자리를 잡았다고는 하지만 3,000만 원은 작은 돈이 아니었기에, 어떻게든 돈을 안 내거나 액수를 줄일 방법이 없겠느냐고 물었다.

결론부터 말하자면, 불가능하다. 부가가치세법상 8인 이하 비영업용 소형승용차(경차 제외)에 대한 구입비용이나 렌트비, 기름값, 수리비 등은 매입세액공제를 받지 못하기 때문이다. 운수업, 자동차판매업, 자동차임대업, 운전학원업을 제외한 기타 업종의 사업자가 개별소비세 과세대상 자동차의 구입 · 유지 등에 관한 매입세액은 불공제 대상이다.

최근 국세청은 비영업용 소형승용차 구입자료와 신용카드전표 등을 정밀 분석해 부당하게 부가가치세를 환급받은 사업자들을 대상으로 95억 원의 세금을 추징했다. 출 · 퇴근 및 업무용으로 사용하는 승용차 구입비용과 유류비 등 유지 · 관리비와 관련한 매입세액을 공제하여 부가가치세를 부당 신고해 부가가치세를 추징당한 변호사의 사례가 보도되기도 했다.

내 친구도 차량을 사업에 주로 활용하긴 했지만, 운수업이나 운전학원업처럼 부가가치세법상 공제가 가능한 업종이 아니었으니, 어쩔 수 없이 세무서에서 고지한 돈을 낼 수밖에 없었다. 만약 이 친구가 사업에 자동차를 이용하면서 부가가치세 매입세액공제를 받고 싶었다면, 처음부터 고급 수입승용차를 구입하지 말았어야 했다.

그렇다면 앞에서 말한 업종 외에는 아무리 사업에 자동차가 필요한 업종이나 사업장이라도 자동차 구입 및 유지비용에 대해서는 매입세액공제를 받을 수 없는 것일까? 꼭 그렇지는 않다. 부가가치세법을 조금만 알면 사업에 필요한 자동차로도 상당한 액수를 공제받을 수 있다.

2. 업무용 자동차, 잘 구입하면 1+1

마트에서 장을 본 적이 있다면 원 플러스 원(1+1)행사 상품을 본 적이 있을 것이다. 일반적으로는 하나 가격으로 같은 물건을 두 개 주거나, 아니면 하나를 사면 다른 상품 하나를 같이 주는 식이다.

"사업용 자동차도 1+1이 가능합니다."

내가 이렇게 말하면 무슨 헛소리냐고 따지는 사람이 많다. 하지만 1+1이라고 해서 꼭 같은 물건을 두 개 주는 게 아님을 감안하면,

내 말이 과장은 좀 있을지언정 거짓말은 아니다. 거기다가 '차량을 구매하고 몇 년만 이용하면'이라는 단서 하나를 덧붙인다면, 내 말은 사실이 될 수 있다.

사업자라면 사업용 차량을 구입할 때 어떤 차종을 구입하느냐에 따라 부가가치세 매입세액공제를 받을 수도 있고 못 받을 수도 있다. 그리고 매입세액공제가 가능한 차량을 구입해 몇 년간 이용할 경우, 공제받은 세금으로 차량 한 대 값을 벌 수도 있다. 거짓이 아님은 잠시 후 예시를 통해 증명해주겠다.

우선은 부가가치세법에서 정한 매입세액공제 가능한 차량과 불가능한 차량에 대해 알아보자.

(1) 부가가치세 매입세액공제 받지 못하는 차량

사업에 사용하는 자산을 매입하면 부가가치세 매입세액공제를 받을 수 있게 돼 있다. 하지만 여기에도 예외가 있는데, 비영업용소형승용자동차도 이 예외에 해당한다.

'비영업용소형승용자동차'란 자동차판매업, 자동차임대업(렌터카), 운송업(택시 등)처럼 영업에 직접 사용해 수입이나 소득을 발생시키는 영업용승용자동차가 아닌 것으로, 개별소비세법 규정에 따라 개별소비세가 과세되는 승용자동차를 의미한다. 비영업용소형승용자동차는 구입비용은 물론이고 기름값이나 수리비 같은 유지비도 매입세액공제 대상에서 제외된다.

(2) 매입세액을 공제받을 수 있는 승용자동차

개인사업자나 법인사업자가 사업과 관련해 9인승 이상의 승용차, 승합차, 화물차, 화물형 밴(van), 경차(배기량 1000cc 이하로, 길이가 3.6m 이하, 폭 1.6m 이하인 소형차)를 구입하거나 임차하면 부가가치세를 공제 또는 환급받을 수 있다. 물론 이 경우에는 수리비와 기름값에 포함된 부가가치세도 공제 대상이 된다.

매입세액공제 가능한 차량을 정리하면 다음과 같다.

① 앞자리에만 사람의 탑승이 가능하고, 뒷부분은 화물을 적재할 수 있는 구조의 밴 차량

② 배기량 1,000cc 이하에 길이와 폭이 각각 3.6미터 이하, 1.6미터 이하인 소형 차량

③ 내연기관을 원동기로 하는 총배기량 125cc 이하(내연기관 외의 것은 정격출력 1kw(킬로와트) 이하)인 2륜자동차

④ 9인승 이상 자동차와 승합차, 화물차

이제 앞에서 밝힌 바대로 사업용 자동차 부가가치세 매입세액공제로 1+1의 효과가 가능한지를 알아보자. 38쪽의 나성공 사장은 사업에 이용하기 위해, 부가가치세 포함해 2,220만 원짜리 밴 차량을 구입했다. 승합차인 데다가 거래처를 돌아보느라 전국을 돌아다니거나 손님들을 태우러 다닐 일이 많아 기름과 타이어 소모가 커서 기름값과 유지비로 부가가치세 포함해 월평균 77만 원을 사용했다. 이 경우, 차량 구입 시 포함된 200만 원의 부가가치세와 유

지비에 포함된 월 7만 원의 부가가치세는 매입세액공제가 가능하다. 즉, 기름값과 유지비만으로도 해마다 84만 원의 매입세액공제를 받을 수 있다. 만약 5년을 사용한다면, 부가가치세 매입세액공제만으로 거의 700만 원에 가까운 돈을 아낄 수 있다. 여기에다 개별소비세와 취득세와 등록세까지 절약되는 것을 계산하면 1,200만 원 이상의 절세효과가 있는 셈이다. 만약 중간에 한 번이라도 고장이 나서 수리비가 든다면 이 금액에 포함된 부가가치세도 공제가 가능하므로, 더 큰 절세효과를 볼 수도 있다.

이렇듯 사업용 자동차를 부가가치세 매입세액공제 가능한 차량으로 구매한 것만으로도 5년 만에 소형 자동차 한 대 값이 생길 수 있는 것이다. 만약 사업에 자동차가 필요하다면, 부가가치세 매입세액공제가 가능한 차량인지 반드시 알아보도록 하자.

세금계산서 발급 금지 업종

많은 사업자들이 사업과 관련해 지출한 비용이면 모두 부가가치세 매입세액공제가 가능하다고 여긴다. 하지만 접대비나 자동차 지출 관련된 비용처럼 부가가치세 매입세액공제가 되지 않거나 일부 조건을 충족해야만 공제 대상이 되는 항목이 있다.

또한, 세금계산서 발급이 불가능한 항목에 대해서도 부가가치세 매입세액공제를 받을 수 없다. 세법은 일반과세자가 영위하는 소매업 등 영수증 발급대상사업의 경우 공급받는 자가 사업자등록증을 제시하고 세금계산서의 발급을 요구하면 영수증 대신 세금계산서를 발급할 수 있다. 그러나 다음의 사업은 예외적으로 세금계산서 발급을 금지하고 있기 때문에 구매자가 부가가치세 매입세액공제를 받을 수 없다.

① 미용, 욕탕 및 유사 서비스업
② 여객운송업(버스, 택시, KTX, 항공기, 선박)
③ 입장권을 발행하여 영위하는 사업(영화관, 놀이동산, 박물관)
④ 과세되는 쌍꺼풀수술 등의 용역을 공급하는 사업
⑤ 과세되는 동물의 진료용역을 공급하는 사업

⑥ 과세되는 무도학원 및 자동차운전학원 사업

이 중, 특히 해외 출장을 다녀온 후 항공기 이용료로 부가가치세 매입세액공제를 받으려다 낭패를 보는 사업자가 많다. 적은 비용이 아니다보니 조금이라도 아껴보려는 생각에 부가가치세 매입세액공제를 신청하는 것인데, 이는 위험한 행동이다. 말했다시피 공제를 받지 못하는 항목이므로, 잘못하면 가산세까지 물게 된다. 실제로 50명이 넘는 직원들과 함께 하와이로 단합대회를 다녀온 후 항공권으로 부가가치세 매입세액공제를 받았던 사장님이 가산세로 수백만 원을 내는 것을 본 적도 있다.

04
/
폐업,
끝이 아니다

1. 폐업신고는 폐업의 시작일 뿐이다

말 그대로 우후죽순처럼 점포가 늘어났다가 순식간에 주춤하는 업종들이 있다. 1990년대 말부터 2000년대 초까지는 PC방이 그랬고, 몇 년 전부터는 치킨집이 그렇고 편의점이 그렇다. 최근에는 수입과자점이 엄청나게 늘고 있는데, 얼마나 오래갈지는 모르겠다. 이런 업종들이 늘어나는 속도가 얼마나 빠른지, 재작년에는 자주 가던 거리를 오랜만에 찾아갔더니 치킨집이 두 개나 생겨 있었고, 다시 한 달쯤 후에 가니 편의점이 생겨 있었다. 얼마 전에 갔을 때는 설마 했던 수입과자점이 거리 입구쯤에 오픈 준비 중이었다.

이런 업종들은 비교적 진입장벽이 낮아, 정년퇴직을 한 분들이 시작하기에 쉽다. 그리고 이 지점은 장점이자 큰 단점이기도 하다. 시작하기 쉽고 초기자본이 적게 드니 너도나도 뛰어들고, 금방 포화상태에 이르며, 순식간에 공급이 수요를 한참 초과해 대부분은 투자금도 회수하지 못한 채 사업을 접게 된다. 자고 일어나면 하나씩 생겼던 점포들이 이제는 반대로 자고 일어나면 두 개씩 사라지는 씁쓸한 상황이 일어나기도 한다. 희망에 부풀어 창업했던 사람들이 불과 1~2년 만에 참담한 심정으로 폐업신고서를 작성한다.

친하지는 않지만, 종종 연락도 하고 모임에서 만나기도 하는 후배가 하나 있다. 그 후배는 건실한 중견기업에 입사했지만, 너무 경직된 회사 분위기에 6년 만에 퇴사를 했다. 하지만 다른 계획이 있어서 그만둔 게 아니다 보니, 무엇을 해야 할지 막막했다. 창업을 하기로 마음먹었지만, 무슨 업종을 해야 할지 결정하기도 쉽지 않았다. 고민하던 후배는 분위기에 휩쓸려 그냥 편의점 사업을 시작해버렸다. 편의점에 대해 아는 거라곤 대학 시절 몇 개월 아르바이트하면서 본 것과 24시간 영업을 한다는 정도밖에 없는 후배였다. 만약 내게 상담요청을 했더라면, 난 조금만 더 시간을 두고 천천히 생각해볼 것을 권했을 텐데, 아쉽게도 그럴 기회가 없었다. 퇴직금과 그간 모은 돈을 다 합쳐도 큰돈은 아니었고, 대출을 받는 데도 한계가 있는 데다가, 당시 편의점 사업이 붐처럼 일고 있었기에 별다른 생각 없이 시작했다고 한다.

장소 선정은 좋았다. 대학가 근처였고, 주위에 경쟁업체가 없었다. 보통 대학가는 방학 시기에 장사가 잘 안 되게 마련이지만, 그곳은 놀기 좋은 곳이라 따로 시기나 계절을 타지 않았다. 후배는 한 푼이라도 비용을 아끼기 위해 오전 시간과 주말 하루를 제외하고는 아르바이트생을 쓰지 않고 직접 일했다. 그 기간에 난 후배의 얼굴도 보기 힘들었다. 그만큼 가게에서 살다시피 했다. 장사도 잘됐고 인건비도 거의 들지 않아, 후배는 제법 돈을 모으기 시작했다.

하지만 편의점 붐이 일기 시작한 시기인 데다가, 후배의 편의점이 잘된다는 걸 안 사람들이 1년도 채 되지 않아 사거리를 중심으로 2~3개를 연달아 오픈했다. 정해진 수순처럼, 후배는 오래지 않아 장사를 접어야 했다. 아르바이트생 근무 시간을 줄이고 점포에 있는 시간을 늘렸다가 과로로 병원까지 실려간 후에야 자신의 몸 상태가 말이 아니라는 걸 알고는 바로 폐업을 결심한 것이다. 후배는 폐업 후 몸을 추스르면서 현재는 다른 사업 아이템을 구상 중이다.

내가 이 모든 이야기를 전해 들은 것은, 그 후배가 세무서에서 받은 등기우편 한 통을 들고 나를 찾아왔을 때였다. 전 분기 부가가치세를 신고하지 않았으니, 어서 납부하라는 내용의 우편물이었다. 더군다나 무신고가산세와 납부불성실가산세라는 명목까지 더해져 300만 원이 넘는 돈이 고지됐다. 처음 그 내용을 확인했을 때, 후배는 망치로 머리를 얻어맞은 듯 정신이 멍해졌다고 한다. 분명 폐업을 하고 폐업신고까지 했는데도 부가가치세를 신고하라니, 도대체 무슨 소리인지 이해할 수 없다는 말도 덧붙였다. 후배는 폐업 시 다음 달 25일까지 부가가치세 신고를 해야 한다는 사실을 몰랐던 것이다.

2. 폐업 시의 부가가치세 신고

폐업은 창업 못지않게 신중하게 결정해야 한다. 그리고 폐업을 결정했다 하더라도 신경 써야 할 일이 제법 많다.

사업을 그만두게 되면 우선 폐업신고를 해야 한다. 폐업신고 자체는 어렵지 않다. 폐업신고서를 작성하여 사업자등록증과 함께 제출하거나, 부가가치세 확정신고서에 폐업 연월일 및 사유를 적어 신고서와 사업자등록증을 함께 제출하면 된다.

문제는 그 이후다. 폐업신고를 한 사업자들은 거기서 끝이라고 생각하기 쉽다. 특히 부가가치세에 대해서는 까맣게 잊고 지나가는 경우가 많다. 하지만 폐업을 하면 폐업일이 속한 달의 다음 달 25일까지 부가가치세를 신고해야 한다. 폐업일이 속한 과세기간 개시일부터 폐업일까지가 과세기간이다. 예를 들어, 일반과세자가 5월 10일에 폐업했다면, 1월 1일부터 5월 10일까지의 매출세액과 매입세액을 6월 25일까지 신고해야 한다. 마찬가지로 소득세도 반드시 신고해야 한다. 폐업자의 소득세 신고일은 폐업연도 다음 해

5월이다.

폐업 시에는 재고자산과 사업용 고정자산, 즉 '폐업 시 잔존재화'에 대해서도 부가가치세를 과세한다. 이때, 폐업 시 잔존재화는 사업자 본인에게 공급한 것으로 보고 부가가치세를 신고·납부해야 한다. 폐업 시 잔존재화라 하더라도 결국에는 소비가 될 것이라 보고, 폐업 시점에 소비된다고 가정하여 부가가치세를 징수하는 것이다. 또한, 폐업 전에 구입한 재고자산이나 고정자산에 대해 예전에 매입세액공제를 받았으니 이를 판매한다고 가정하여 부가가치세를 납부해야 한다.

폐업 시 잔존재화의 부가가치세법상 과세표준은 '자기가 공급한 재화의 시가'로 계산된다. 여기서도 3가지로 구분이 되는데, 각각은 다음과 같다.

① 재고 등 일반적인 재화: 특수관계가 없는 자와의 정상적인 거래에 있어서 형성되는 가격
② 건물 또는 구축물: 취득가액 × {1-(5% × 경과된 과세기간 수)}
③ 기타 감가상각자산: 취득가액 × {1-(25% × 경과된 과세기간 수)}

예를 들어, 2010년 1월에 건물을 2억 원(부가가치세 2,000만 원), 2014년 5월에 화물차를 2,000만 원(부가가치세 200만 원)에 구입한 사업자가

2015년 1월에 폐업한다는 가정하에 계산을 해보면, 아래 표와 같다. 폐업 시 남은 재고자산의 공급가액은 3,000만 원이다.

폐업 시 잔존재화	과세표준 계산방법	부가치세 납부세액
건물	2억 원 × {1−(0.5×10)}	1,000만 원
화물차	2,000만 원 × {1−(0.25 × 2)	100만 원
재고자산	3,000만 원	300만 원
합 계	−	1,400만 원

이처럼, 폐업을 했다고 해서 모든 것이 끝나는 게 아니다. 폐업 후에도 신고해야 할 것은 시기를 맞춰 정확히 신고해야만 안 내도 될 세금이 빠져나가지 않도록 막을 수 있다. 만약 제대로 처리하지 않고 다른 사업을 준비하다가는, 그 사업에 써야 할 자금 중 상당부분을 가산세로 무는 원통한 상황이 발생할 수도 있으니, 절대로 잊어서는 안 된다.

오피스텔 구입 시 절세법

'수익률 200%' 같은 과대광고가 포함된 부동산 광고를 많이 봤을 것이다. 그중에는 오피스텔 광고도 꽤 많다. 이렇게 광고가 많이 붙는다는 사실은 오피스텔에 대한 사람들의 관심이 높다는 증거이기도 하다.

원래 오피스텔은 사무실이나 상가용으로 사용하는 업무용 건물이지만, 최근에는 주거용 오피스텔 분양도 늘고 있다. 그리고 오피스텔을 어떤 용도로 사용하느냐에 따라 절세 방법에도 차이가 있다.

(1) 업무용 오피스텔

오피스텔을 분양받아 업무용으로 임대할 때, 부가가치세법상 일반사업자로 등록하면 분양가액 중 건물에 대한 부가가치세를 환급받을 수 있다.

예를 들어, 토지 1억 원, 건물 1억 원(부가가치세 1,000만 원), 총 2억 1,000만 원에 오피스텔을 분양받았다고 해보자. 토지는 부가가치세가 없으므로 부가가치세 매입세액공제나 환급 대상이 아니지만, 건물에 대한 부가가치세 1,000만 원은 공제 또는 환급받을 수 있다.

단, 부가가치세를 공제 또는 환급받은 후에 추후 주택용도로 임대를 주게 되면 공제나 환급받은 부가가치세를 다시 납부해야 한다.

만약 업무용으로 임대하다가 폐업할 경우, 당연히 폐업 시 잔존 재화에 대해 부가가치세를 납부해야 한다. 예를 들어, 2010년 1월에 취득하면서 건물분 1억 원에 대한 부가가치세 1,000만 원을 환급받은 사람이 2015년 1월에 폐업한 경우, 얼마의 부가가치세를 납부해야 하는지 계산해보자.

오피스텔은 건물이므로 '취득가액 × {1-(5% × 경과된 과세기간 수)} × 10%'로 계산해야 한다. 취득가액 1억 원과 과세기간(10)을 대입하면 납부해야 할 부가가치세액은 500만 원이 된다.

(2) 주거용 오피스텔

주거용 오피스텔을 분양받아 주택으로 임대할 경우, 주택임대사업자등록을 하면 절세할 수 있다. 주택임대업은 면세 사업이다. 따라서 사업자는 월세에 대해 소득세 신고는 해야 하지만, 부가가치세 신고 의무는 없다. 주택임대사업자등록은 오피스텔 소재지가 아니라 사업자가 거주하는 주소지 관할 시 · 군 · 구청 주택과에 신고하고 주소지 세무서에 가서 사업자등록을 신청하면 된다.

주택임대사업자로 등록하고 오피스텔을 주택용으로 임대를 주는 경우, 취득세와 종합부동산세, 양도소득세 등에서 감면 혜택을 볼 수 있다.

05 / 접대비는 적당히!

1. 접대비 지출을 조심해야 하는 이유

회사에서 사용 용도를 정확히 알기 힘든 대표적인 항목이 바로 '접대비'다. 접대비의 사전적 정의는 '기업에서 사업과 관련해 사용한 비용으로, 접대 및 교제비, 기밀비, 사례금, 이외의 유사한 항목의 지출금'이라고 할 수 있다. 쉽게 말해, 거래처 직원과 사업적인 목적에서 만나 식사를 했다거나, 명절 때 협력업체에 선물을 보내는 데 비용을 썼다면, 모두 접대비라고 할 수 있다.

접대비에는 몇 가지 문제가 있다. 과도하게 남발될 우려가 있고,

개인적 용도로 사용한 후 접대비 항목으로 처리하는 등 악용되는 일이 많다는 것이다. 그래서 세법에서는 한도액을 정해두고, 이를 초과할 경우 소득금액계산상 손금에 산입하지 못하게 하고 있다.

하지만 사업가가 접대비를 조심해야 할 이유는 또 있다. 접대비는 부가가치세 매입세액공제 대상이 아니라는 것이다. 이를 모르고 접대비를 법인카드로 결제하고 부가가치세 매입세액공제를 받았다가는 공제받은 금액에 가산세까지 내야 하는 상황에 처한다.

나의 고객은 아니지만, 지인 중 건설업을 하는 사장님이 있다. 보통 세무사들이 그렇듯, 부가가치세 신고기간이라 정신없이 바빴던 1월이 지난 후, 그 사장님과 둘이 식사를 하게 됐다. 식사를 마치고, 내가 계산을 하려 하자 사장님은 한사코 본인이 사겠다며 말렸다. 그리고 카드를 꺼내 계산하며 웃었다.

"언젠가 장 세무사님 도움 좀 받을 생각으로 밥 산 거니까, 이것도 다 법인카드로 계산하고 접대비로 처리할 겁니다. 그러니까 필요할 때 좀 도와주세요."

나도 따라서 웃으며 그렇게 하겠다고 대답했다. 계산을 마친 사장님이 영수증을 지갑에 넣으며 말했다.

"한 달에 접대비로만 500만 원이 넘게 드는 거 압니까?"

건설업은 술자리를 많이 갖는 업종 중 하나다. 그 사장님도 하루가 멀다고 술자리를 가졌다. 그런데 건강이 상한 것보다도, 접대비가 많이 들어 힘들다며 푸념했다. 그리고 이어진 말에 난 깜짝 놀랄 수밖에 없었다.

"그나마 이렇게 영수증 잘 챙겨뒀다가 매입세액공제라도 받으니 좀 낫죠."

난 차를 마시면서 사장님과 여러 가지 이야기를 나누었다. 그리고 밥값은 해야겠다는 생각에 접대비와 부가가치세 매입세액공제에 대해 이야기해주었다.

원칙적으로 사업과 관련 있는 비용을 카드로 지출한 경우 부가가치세 매입세액공제가 가능하다. 그러나 조세정책상 공제를 해주지 않는 것이 있다. 접대비도 이에 포함된다. 접대비는 세금계산서나 신용카드매출전표 등 정규증빙서류를 받더라도, 부가가치세 신고 시 매입세액으로 반영할 수 없다.

부가가치세 매입세액 불공제되는 경우

일반적으로 사업자가 사업과 관련하여 구입한 재화 또는 용역에 대해서는 매입세액공제를 받을 수 있다. 하지만 부가가치세 매입세액공제가 되지 않는 것들이 있다. 이는 크게 두 가지로 나누어 생각해볼 수 있다.

첫째 조세정책적으로 매입세액공제를 해 주지 않는 것이다. 예를 들어 접대비, 교통비, 비영업용 소형승용차의 구입 · 임차 · 유지, 간이과세자로부터 매입한 것, 면세사업에 사용되는 재화나 용역은 매입세액공제가 되지 않는다.

(1) 조세정책적으로 매입세액공제를 해주지 않는 것들

① 접대비 및 이와 유사한 비용의 매입세액

② 교통비 등 영수증 발행업종 관련 매입세액

③ 비영업용 소형승용자동차의 구입과 임차 및 유지에 관한 매입세액

④ 간이과세자나 면세사업자로부터 매입한 것

⑤ 면세사업 및 토지 관련 매입세액

여기서 생각해봐야 할 것이 과세 · 면세 겸영사업자의 경우다. 예를 들어, 돼지고기 등 정육을 판매하는 면세사업과 소시지를 만들어 파는 과세사업을 동시에 하는 사업자를 과세 · 면세 겸영사업자라고 한다. 이러한 업체는 과세사업과 관련된 재화나 용역 구입에 부담한 금액에 대해서만 매입세액을 공제받을 수 있다. 그리고 토지 조성 등 자본적 지출에 관련된 매입세액도 공제받지 못하는 대신, 공제받지 못한 부가가치세 매입세액은 토지의 취득원가에 포함된다.

(2) 의무불이행과 관련된 것들

예를 들어, 매입처별세금계산서합계표 미제출 · 부실기재 분과 세금계산서 미수취 · 부실기재 분 또는 사업과 관련 없는 매입세액 등은 공제가 되지 않는다.

① 매입처별세금계산서합계표 미제출 · 부실기재 분

매입처별세금계산서합계표를 예정신고 또는 확정신고와 함께 제출하지 않은 경우의 매입세액, 제출한 매입처별세금계산서합계표의 기재사항 중 사업자등록번호 또는 공급가액의 전부 또는 일부가 기재되지 않았거나 사실과 다르게 기재된 경우 그에 대한 매입세액은 공제되지 않는다.

② 세금계산서 미수취 · 부실기재 분

세금계산서를 발급받지 아니한 경우나 발급받은 세금계산서에 필요적 기재사항의 전부 또는 일부가 기재되지 않았거나 사실과 다르게 기재된 경우의 매입세액은 공제되지 않는다.

※ 세금계산서의 필요적 기재사항

① 공급하는 사업자의 등록번호와 성명 또는 명칭

② 공급받는 자의 등록번호. 다만, 공급받는 자가 사업자가 아니거나 등록한 사업자가 아닌 경우에는 대통령령으로 정하는 고유번호 또는 공급받는 자의 주민등록번호

③ 공급가액과 부가가치세액

④ 작성 연월일

06

탈세의 유혹에 흔들리지 마라

1. 배보다 배꼽이 큰 가공세금계산서

굳이 다시 말하지 않아도 사업자라면 누구나 알겠지만, 사업을 하다 보면 내야 할 세금이 정말 많다. 당연히 한 푼이라도 적게 내고 싶은 것이 사람 마음일 것이다. 그렇다 보니, 사업자들은 탈세의 유혹에 흔들리기 쉽다. 그리고 탈세의 방법은 무궁무진할 정도로 많다.

하지만 탈세의 유혹에 넘어갔다가는 배보다 배꼽이 더 큰 상황이 생길 수밖에 없다. 세법은 갈수록 철저해지고 있고, 세금 탈루에 대해 점점 과학적인 수사 방법이 도입되고 있으며, 처벌 수위도 높아지고 있다. 이런 사항들이 아니더라도, 불법적인 방법으로 번 돈은 오래가지 못할 수밖에 없다.

실제로 탈세의 유혹에 흔들렸다가 호되게 당한 사람들의 이야기를 수십 가지도 더 알고 있다. 탈세의 흔한 방법 중 하나인 가공세금계산서를 이용했다가 막대한 가산세를 물고, 이후 수시로 강도 높은 세무조사까지 받게 된 사람들이 많다. 그래서 나는 항상 '성실납세가 최고의 절세'임을 강조한다.

예전에 나의 고객이었던 사장님 중 한 명은 나의 이런 이야기가 듣기 싫었는지, 금방 나와의 거래를 끊겠다고 통보해왔다. 그 사장님의 성격상 탈세의 유혹에 쉽게 흔들릴 것 같기도 했고, 워낙 꼼꼼하지 못한 사람이었기에 실수도 저지를 것 같아 나는 그에게 다시 생각해 볼 것을 제안했다. 하지만 나와의 상담 비용도 아깝다며, 그 사장님은 결국 혼자 모든 것을 해결하겠다고 했다. 어떻게 됐을까?

아마 1년 반쯤 지났을 것이다. 그 사장님의 업체 경리직원으로부터 이야기를 전해 듣게 됐다. 이 사장님은 한 번에 2,000만 원짜리 가공세금계산서를 발급받았다. 가공세금계산서란 실제 재화나 용역의 거래 없이 수취한 세금계산서를 말한다. 한마디로 거래사실이 없는데도 불구하고 세금계산서만 발행하는 것이다. 가공세금계산서는 실제 매출이나 매입 없이 가공세금계산서만 발급해주는 '자료상'을 통해, 공급가액의 일정비율에 대해 수수료를 지급하고 받는 경우가 많다. 이 사장님도 한 자료상으로부터의 솔깃한 제안에 넘어갔다고 한다. 그 도매업체에서는 "우리와 거래하면 세금계산서를 추가로 더 끊어주겠다"고 제안했고, 거래하지 않은 세금계산서를 추가로 받을 경우 부가가치세와 소득세를 덜 내도 된다는 생각에 이 사장님은 덥석 미끼를 문 것이다.

결과적으로 이는 최악의 한 수였다. 이 사장님이 받은 가공세금계산서는 2,000만 원짜리였는데, 이를 통해 아낀 세금은 부가가치세 200만 원과 소득세 700만 원, 총 900만 원이었다. 하지만 결과적으로 그는 수백만 원이나 손해를 봤고, 이후로 국세청의 블랙리스트에 오르기까지 했다.

2. 가공세금계산서의 치명적 불이익

불법적인 일을 저질렀다가 적발되면 당연히 불이익이 따른다. 가공세금계산서를 발급하거나 받는 행위는 당연히 불법이고, 그런 행위에는 당연히 불이익이 뒤따른다.

가공세금계산서를 발급받았다가 적발되면 본래 냈어야 할 본세를 추징함은 물론이고, 세금계산서불성실가산세(공급가액의 3%), 과소신고가산세(부가가치세와 소득세 본세의 40%), 납부불성실가산세(부가가치세와 소득세 본세의 3/10,000 * 경과일)까지 추가로 내야 한다. 예를 들어, 소득세율 35%인 사업자가 1,000만 원짜리 가공세금계산서로 부가가치세를 공제받았다가 1년(365일) 후 적발됐다고 해보자. 이 사업자가 받는 불이익은 다음과 같다.

구 분		부가가치세	소득세
가공세금계산서로 덜 낸 세금		100만 원	350만 원
추징세액 및 불이익	본세	100만 원	350만 원
	세금계산서 불성실가산세 (공급가액의 3%)	30만 원	
	과소신고가산세 (본세의 40%)	40만 원	140만 원
	납부불성실가산세 (본세 * 3/10,000 * 365)	10만 9,500원	38만 3,250원
	추징세액 합계	180만 9,500원	528만 3,250원
	조세범 처벌법	3년 이하 징역 부가가치세 탈세액의 2배 이하 벌금	
	기타	세무조사 실시	

이처럼 1,000만 원짜리 가공세금계산서로 부가가치세를 공제받거나 소득세를 줄인 경우, 본세인 450만 원 외에도 200만 원이 넘는 가산세를 추가로 납부해야 한다.

앞에서 예를 든 사장님은 2,000만 원짜리 가공세금계산서를 발급받았고, 적발된 시점도 거의 400일에 이르렀기에 가산세가 500만 원이 넘었다. 여기다가 자료상에게 떼어 준 금액까지 감안하면 손해를 본 금액은 더욱 커진다.

여기서 '한 번에 2,000만 원짜리 세금계산서를 발급받을 정도의 사업자, 거기다 소득세가 35%인 고소득자라면 수백만 원쯤은 재수가 없었다고 여기고 넘어갈 수도 있는 게 아니냐'고 생각할지도 모른다. 하지만 진짜 문제는 가산세가 아니다. 국세청에서 조사를 한 결과 탈루 수법이나 규모로 보아 범칙처리가 필요하다고 여길 경우, 조세범처벌법에 의해 형사고발을 당할 수도 있다. 처벌 수위는 3년 이하 징역 또는 부가가치세 탈세액의 3배 이하의 벌금에 이른다. 여기다가 모든 사업자가 부담스러워 하는 세무조사까지 받게 된다. 이후로도 세무조사 대상자를 선정할 때, 이런 탈루 사실이 있는 사람들은 우선으로 꼽힐 가능성이 높다.

내가 예로 든 사장님은 아주 중요한 사실 세 가지를 놓쳤다.

첫째, 성실납세가 최고의 절세라는 말을 믿지 않았다. 흔히들 사업자는 국세청이 가공세금계산서를 사오는 행위를 알지 못할 것이라고 생각한다. 그러나 국세청은 세무서별로 세원정보팀을 운영하여 가짜세금계산서 판매행위를 조사하고, 기업화된 자료상을 잡기 위해 휴대폰 위치추적 등 첨단 조사기법을 활용하고 있다.

둘째, 적은 비용을 아끼려다 보면 더 큰 대가가 필요함을 몰랐다. 비용을 줄이려다 보면 부작용이 생길 수 있다는 것은 앞에서도 설명한 바 있다. 이 사장님은 '당연히 냈어야 할 세금'을 내지 않으려 했고, 세무사의 컨설팅 비용을 아까워했다. 만약 세무사인 나를 믿었더라면 원래 냈어야 할 세금에서 끝났을 일인데, 몇백만 원 아끼려다가 천만 원이 나간 셈이다.

셋째, 세무사와 상담하는 목적을 잘못 세웠다. 세무사를 찾아갈 때는 적법하게 줄일 수 있는 세금을 물어봐야지, 불법적인 탈세 방법을 물어서는 안 된다. 그런데 그는 나를 만나러 왔을 때부터 '내야 할 세금을 안 낼 방법'을 물었다. 그리고 그런 방법은 없다는 내 말을 믿지 않으려다가 피해를 본 것이다.

다시 말하지만, '성실납세가 최고의 절세'임을 명심해야 한다.

사업자등록은 기본이자 필수!

사업의 본격적인 시작은 사업자등록 이후인 경우가 많다. 그런데 일부 사업자들은 세금을 아끼려고 사업자등록을 하지 않고 사업을 하기도 한다. 하지만 이는 절대로 금물이다. 사업자등록을 하지 않으면 모든 매출이 매출누락으로 계산되기 때문에, 가산세가 어마어마하다.

예를 들어, 미등록 사업자가 1억 원의 매출을 올렸다면 얼마만큼의 세금을 내야 할까? 매출누락이 적발될 경우, 탈루한 금액은 당연히 내야 한다. 부가가치세 1,000만 원과 소득세 2,200만 원(업종에 따라 다를 수 있음)을 합쳐 3,200만 원가량이 된다. 여기에 상당한 가산세가 붙는다. 부가가치세에 대해 공급가액의 1%인 미등록가산세 100만 원, 부당무신고가산세로 소득세의 40%인 880만 원을 내게 된다. 가산세만으로 1,000만 원에 가까운 돈을 내야 하는 것이다. 이는 매출액의 10%에 이른다. 순이익이 매출액의 10%를 넘지 못할 경우, 한 푼도 벌지 못한 결과가 된다.

사업자등록을 하지 않고 사업할 경우의 불이익은 여기서 그치지 않는다. 사업과 관련된 매입액에 대해서도 매입세액공제를 받지 못한다. 이 금액만 해도 수백만 원을 넘을 가능성이 높다. 가산세에 이 금액까지 합치면 사업자등록을 하지 않고 사업을 운영하다가 적발될 경우의 손해액은 순이익을 훨씬 뛰어넘을 것이다. 한마디로, 배보다 배꼽이 더 큰 결과가 된다.

그러므로 사업을 시작한다면 떳떳하게 사업자등록을 하고 시작해야 하고, 성실하게 납세를 하는 편이 바람직하다.

07
/
전기요금·통신요금도 공제받아라

1. 전기요금 명의변경만으로 절세하기

전기요금과 통신요금은 부가가치세 매입세액공제 대상이다. 하지만 여기에는 조건이 따른다. 한국전력공사에서 보내오는 전기요금 납부통지서상 명의자와 실제 납부자가 같아야 한다는 것이다. 하지만 이 간단한 사실 하나를 몰라서 또는 명의변경 신청하는 것을 깜빡해서, 적게는 수십만 원에서 많게는 수백만 원까지 손해를 보는 사업자들이 꽤 있다.

전기요금 납부통지서상 명의자가 다른 사람으로 된 경우는 사업체를 다른 건물로 이전할 때 많이 발생한다. 이런 경우는, 명의자가 건물주로 되어 있거나 이전 임차인으로 되어 있을 가능성이 높다.

어린 시절부터 부모님이 슈퍼마켓을 한 친구가 있다. 1층에는 슈퍼마켓이, 2층에는 미용실이, 3층에는 친구네 집이 있던 3층짜리 건물이 그 친구네 것이었다. 그러니 슈퍼마켓을 하기 전부터 제법 유복한 집안이었을 것이고, 어렸을 때는 근방에서 유일한 슈퍼마켓이었기에 장사도 꽤 잘됐다고 한다.

그러나 사업이라는 것이 항상 그렇듯, 잘나갈 때 대비해두지 않으면 몰락은 순식간이다. 특히 슈퍼마켓은 대형 마트들이 들어오면서 줄지어 망하기 시작했다. 대부분은 대책을 세울 틈도 없이 장사를 접어야 했다.

내 친구네 슈퍼마켓은 제법 오래 버텼지만, 적자를 내면서도 건물 임대료로 '버티는' 수준이었다. 하지만 바로 앞 건물에 대형 마트가 들어서자 적자 폭이 너무 커져 감당할 수 없는 수준이 됐다. 그 뒤로도 한동안 모아둔 돈으로 버텼지만, 결국 건물을 팔고 비교적 임대료가 싼 옆 동네에 다시 한 번 슈퍼마켓을 차렸다. 다행히 그 근방에는 대형 마트가 들어오기 전이라 몇 달 동안 그럭저럭 장사가 됐다.

언제 또 같은 일을 겪게 될지 몰라 불안해하던 친구의 가족은, 어느 날 세무서로부터 '부당하게 매입세액공제를 받은 부가가치세와 가산세를 납부하라'는 통보를 받았다. 새로 시작한 슈퍼마켓의 전기요금 명의가 건물 주인으로 되어 있었는데, 이를 모르고 그간 사용한 전기요금에 대해 부가가치세 매입세액공제를 받았던 것이다. 가산세까지 합쳐서 60만 원 정도였으니 그리 크지 않은 돈으로 보일 수도 있지만, 앞에서 말했듯이 순이익 60만 원을 올리려면 매출은 적어도 그 10배는 올려야 한다. 다시 말해 600만 원의 매출을 올려도 순수익 60만 원을 벌기 힘들다. 명의변경이라는 단순 행위 하나만으로 600만 원의 매출을 올린 것과 같은 효과를 볼 수 있다고 생각해본다면 이 60만 원은 결코 우습게 볼 수 없다.

친구의 부모님이 이를 모르고 넘어간 이유는 단순하다. 평생 자신 소유의 건물에서만 장사를 해왔으니 당연히 명의자 변경을 해야만 부가가치세 매입세액공제가 가능하다는 사실조차 모르고 있었던 것이다.

이런 일을 겪는 사업자가 상당히 많다. 친구 부모님처럼 건물 주인 명의인 경우도 있지만, 이전 임차인의 명의로 되어 있는 경우도 있다. 사업을 시작하기 전에 반드시 확인하고, 자신의 명의로 변경해야만 안 내도 될 세금을 내는 억울한 상황을 면할 수 있다.

2. 명의 변경은 어떻게 해야 할까?

명의변경 방법은 무척 간단하다. 우선 한국전력공사에 전기사용자 명의변경 가능 여부를 알아보고, 가능하다면 구비 서류를 갖춰 관할 한국전력에 우편이나 FAX로 신청하면 된다.

이때 필요한 구비 서류는 명의변경 신청자가 건물의 소유주인지 아니면 임차인인지에 따라 다르다. 각각의 경우에 필요한 서류는 다음과 같다

(1) 소유자가 명의변경 신청을 하는 경우

① 전기사용 변경신청서

② 건축물관리대장 또는 등기부 등본

③ 주민등록증 사본

④ 사업자 등록증 사본

(2) 임차인이 명의변경 신청을 하는 경우

① 전기사용 변경신청서

② 임대차계약서 사본

③ 주민등록증 사본

④ 사업자 등록증 사본

한국전력공사 고객센터(☎ 국번 없이 123)나 홈페이지(www.kepco.co.kr)를 통해 전기사용자 명의변경에 관한 자세한 사항을 알 수 있다.

만약 전기사용자 명의를 변경할 수 없다면, 건물주(명의자)가 한전으로부터 세금계산서를 발급받아 매입세액으로 공제하고 임차인이 실질적으로 사용한 전기요금과 부가가치세액을 건물주(명의자)에

게 지급할 때에 건물주로부터 세금계산서를 발급받아 이를 매입세액으로 공제할 수 있다.

휴대폰과 전화요금, 인터넷 요금 같은 통신비, 도시가스 요금도 마찬가지로 명의자 변경만으로 부가가치세 매입세액공제를 받을 수 있다. 이런 요금들의 명의를 대표자 개인으로 해놓는 경우가 많은데, 사업자등록상의 업체로 명의를 변경해야 매입세액공제가 가능하다. 방법은 간단하다. 각 회사에 전화를 해서 사업자등록증 사본과 필요서류를 작성해서 팩스로 보내면 된다.

사업에 따라 이런 요금이 1년에 수백만 원에 이르기도 한다. 그리고 이는 매출을 수천만 원 올려야만 벌 수 있는 돈이기도 하다. 순수익 수백만 원이 크게 느껴진다면, 전기사용자 명의 확인을 잊지 말아야 한다.

봉사료는 반드시 별도 기재해야 한다

개인서비스업을 하는 사업자들이 생각지도 못했다가 낭패를 보는 것 중 하나가, 바로 봉사료 기재 부분이다. 사업자 자신이 아닌 종업원 개인이 직접 받은 봉사료를 매출에 넣을 필요가 없다고 생각해 제외하는 것이다. 하지만 봉사료를 매출금액에서 제외하려면 지켜야 할 세법상 절차가 있다.

유흥주점이나 미용실, 음식업, 숙박업 등 개인서비스업을 운영하다 보면 봉사료를 받을 때가 있는데, 손님이 종업원에게 직접 봉사료를 주면 사업자는 음식값만 매출로 신고하면 되므로 별다른 문제가 발생하지 않는다.

그런데 음식값과 봉사료를 합한 전체 금액에 대하여 신용카드로 결제를 하거나, 전체금액에 대한 영수증을 요구할 때가 있다. 이때 세무처리를 잘못하면, 종업원에게 지급한 봉사료에 대해서도 사업자가 부가가치세를 내야 할 수도 있다. 따라서 술값이나 음식값에 봉사료를 포함하여 받는 경우, 다음과 같이 처리를 해두는 것이 좋다.

① 음식업, 숙박업 및 개인서비스업의 경우에만 과세표준에서 용역의 대가와 함께 받는 종업원의 봉사료 제외 가능

② 세금계산서 · 영수증 · 신용카드매출전표 등을 발급할 때, 용역 대가와 봉사료 구분 기재

③ 구분 기재한 봉사료가 해당 종업원에게 지급된 사실이 확인 가능해야 함

④ 구분 기재한 봉사료가 공급가액(간이과세자는 공급대가)의 20%를 초과하는 경우, 봉사료 지급액에 대하여 5%의 소득세를 원천징수하고 봉사료 지급대장 작성

⑤ 봉사료지급대장에는 봉사료 받는 사람이 직접 받았다는 서명하고, 받는 사람 본인의 서명임을 확인할 수 있도록 봉사료를 받는 사람별로 주민등록증 또는 운전면허증 등 신분증 복사하여 여백에 받는 사람이 자필로 성명, 주민등록번호, 주소 등 기재, 서명하여 5년간 보관

⑥ 봉사료를 받는 사람이 봉사료지급대장에 서명을 거부하거나 확인서 작성 등을 거부하는 경우, 무통장입금영수증 등 지급사실을 직접 확인할 수 있는 다른 증빙 첨부

귀찮다고 전체 금액을 술값 등으로 처리했다가는 납부하지 않아도 될 부가가치세, 개별소비세, 소득세 등을 내게 되는 결과를 초래할 수 있다. 그러므로 술값이나 음식값 등에 봉사료를 포함하여 받는 경우, 반드시 위의 절차를 따르는 것이 좋다.

Ⅲ

부가가치세 절세
추가 노하우

01

신용카드만 잘 활용해도 수천만 원 절세한다

1. 신용카드, 현금영수증으로 매입세액공제받는 방법

많은 사업자들이 꼭 세금계산서를 받아야 매입세액공제를 받을 수 있다고 알고 있다. 그러나 세금계산서뿐만 아니라 신용카드매출전표나 사업자용 현금영수증을 받더라도 공제를 받을 수 있다. 예를 들어, 사업과 관련해서 신용카드나 현금영수증으로 매월 400만 원(부가가치세 40만 원)을 사용한다고 해보자. 연간으로 따지면 부가가치세 480만 원을 절세할 수 있다.

사업자들 중에는 이 부분을 누락해 세금을 더 내는 사람이 많다.

내 고객의 경우에도 사업자 스스로 신고하다 보니 이 항목을 누락했다. 컨설팅 과정에서 이 사실을 알게 돼 경정청구를 통해 약 300만 원을 환급받아준 적이 있다.

신용카드나 현금사용액으로 어떻게 하면 부가가치세 매입세액공제를 받을 수 있는지 알아보자.

부가가치세 매입세액공제를 받는 증빙서류는 세금계산서 뿐만 아니라 신용카드매출전표나 지출증빙용 현금영수증도 포함된다. 그러므로 신용카드전표와 지출증비용 현금영수증을 반드시 사용해야 한다.

여기서 사업자라면, 아마도 반드시 사업용신용카드만을 사용해야 하는지 의문이 들 것이다. 하지만 꼭 그렇지는 않다. 개인 신용카드, 체크카드, 기명식 선불카드도 매입세액공제가 가능하다.

가끔 보면 신용카드매출전표를 모아야 매입세액공제를 받을 수 있다는 오해 때문에, 서랍 가득히 매출전표를 모아두는 사람들이 있다. 제때 정리나 한다면 좀 낫겠지만, 일단 쌓아두고 나중에 정리하려다 보면 시간을 엄청나게 잡아먹는 데다가 뭔가 빠뜨린 것 같아 불안하기까지 하다. 하지만 그런 걱정은 할 필요가 없다. 매출전표를 일일이 보관하지 않아도, 신용카드업자로부터 교부받은 신용카드 등의 월별이용대금명세서를 보관하고 있으면 신용카드매출전표를 보관하고 있는 것으로 본다.

그렇다고 해서 신용카드 사용액이 모두 부가가치세 매입세액공제가 가능한 것은 아니다. 기본적으로 부가가치세 매입세액공제가 가능한 매입액만 항목만 공제받을 수 있다. 즉, 사업과 관련된 신용카드사용액이어야 하고, 일반과세자에게서 매입한 것이어야 한다. 또한, 매입세액불공제 항목인 접대비, 비영업용 소형승용차 관련 비용, 교통비 등에 사용한 신용카드 사용액은 부가가치세 매입세액공제 대상에서 제외된다.

국세청 홈택스 홈페이지(https://www.hometax.go.kr)에 들어가 보면 신용카드 또는 체크카드를 등록하는 곳과 지출증빙용 현금영수증 카드를 신청하는 곳이 있다. 여기 등록한 신용카드로 결제한 금액과 여기서 발급받은 현금영수증 카드로 지출증빙용 현금영수증을 발급받은 금액은 부가가치세 매입세액공제가 된다. 사업용신용카드 등록은 본인 명의로 발급받은 신용카드와 체크카드로 최대 50개까지 등록할 수 있다.

등록 방법은 다음과 같다

국세청 홈택스 홈페이지 로그인 〉 조회/발급 〉 현금영수증 〉 사업용신용카드 〉 사업용신용카드 등록

사업용신용카드를 등록하면 많은 장점이 있다. 우선 거래건별 카드사용 내역을 현금영수증 홈페이지에서 조회할 수 있다. 또한, 부가가치세 신고 시 카드거래 내역을 일일이 기재할 필요 없이, 카드 결제건수와 금액 합계만 기재하면 매입세액 공제가 가능하다. 그리고 카드 사용 내역이 전산으로 구축되기 때문에 신고누락을 염려하지 않아도 된다.

국세청 홈택스 홈페이지에에 등록한 사업용신용카드 사용내역은 분기의 다음 달 15일경 조회가 가능하다. 1분기(1~3월)는 4월 15일, 2분기(4~6월)는 7월 15일, 3분기(7~9월)는 10월 15일, 4분기(10~12월)는 다음 해 1월 15일에 각각 조회할 수 있다.

매입세액공제 방법도 어렵지 않다.

국세청에서 신용카드 사용처(공급자)의 업종 · 면세(간이) 여부를 분류하여, 매입세액공제 적용에 착오가 없도록 자동으로 분류해주기 때문에 편리하다. 국세청 홈택스 홈페이지에서 조회되는 '사업용신용카드 매입세액 공제 확인/변경'에서 매입세액공제 · 불공제 여부를 결정한 후, '사업용신용카드 매입세액 공제금액 조회'에서 공제 대상 합계 금액만 부가가치세 신고서에 기재하여 신고하면 된다. 단, 매입세액 불공제 대상이나 공제대상으로 잘못 적용하는 경우, 추후 잘못 공제받은 매입세액을 추징당할 수 있으므로 유의해야 한다.

2. 신용카드 가맹점만 돼도 연간 500만 원 번다

신용카드와 현금영수증 매출이 있는 일반 소매업종의 경우, 부가가치세를 절세하려면 신용카드발행세액공제를 명심해야 한다. 신용카드발행세액공제란, 주로 최종소비자를 대상으로 하는 일정한 업종의 개인사업자가 재화 또는 용역을 공급하고 신용카드 매출전표(현금영수증)를 발행한 경우, 발행 금액의 1.3%(음식, 숙박업 간이과세자의 경우 2.6%)를 매출세액에서 공제해주는 것이다. 단, 연간 500만 원까지만 공제가 가능하고, 법인사업자와 직전년도 공급가액의 합계액이 10억 원을 초과하는 개인사업자는 공제 혜택을 받을 수 없다.

간혹 500만 원이라는 한도를 잘못 이해하는 사람들이 있는데, 말했듯이 '연간'이다. 즉, 상반기와 하반기 모두 합쳐 500만 원이 공제 한도다. 또한, 신용카드 발행세액공제가 아무리 많아도 부가가치세 환급은 되지 않는다.

연간 최대 500만 원까지 세액공제를 받을 수 있는 상당히 큰 혜택이므로, 잊어서는 안 된다. 게다가 먼저 신청하지 않는 사업자에게는 혜택을 주지 않으므로, 사업자 스스로 꼼꼼히 챙기는 수밖에 없다. 카드 매출액에는 신용카드뿐만 아니라 체크카드나 현금영수증 매출액도 포함되니 누락하지 말고 잘 챙겨야 한다.

신용카드매출전표 발행 세액공제 대상 사업자는 간이과세자와 일반과세자에 따라 차이가 있다. 간이과세자는 업종 제한 없이 공제가 가능하다. 반면 일반과세자는 '영수증 교부대상 사업'을 영위하는 사업자만 대상이 된다.

영수증 교부대상 사업은 다음과 같다.

① 소매업, 음식점업(다과점업을 포함), 숙박업

② 미용, 욕탕 및 유사 서비스업, 여객운송업

③ 입장권을 발행하여 경영하는 사업

④ 전문인적용역: 변호사업, 심판변론인업, 변리사업, 법무사업, 공인회계사업, 세무사업, 경영지도사업, 기술지도사업, 감정평가사업, 손해사정인업, 통관업, 기술사업, 건축사업, 도선사업, 측량사업, 공인노무사업, 의사업, 한의사업, 약사업, 한약사업, 수의사업

⑤ 부가세과세대상인 무도학원 및 자동차운전학원

⑥ 공인인증서를 발급하는 사업

⑦ 도정업과 떡류 제조업 중 떡방앗간, 양복점업, 양장점업 및 양화점업

⑧ 주거용 건물공급업(주거용 건물 자영건설 포함)

⑨ 운수업과 주차장 운영업, 부동산중개업

⑩ 사회서비스업과 개인서비스업, 가사서비스업

⑪ 도로 및 관련시설 운영업, 자동차 제조업 및 자동차 판매업

⑫ 주거용 건물 수리 · 보수 및 개량업

⑬ 그 밖에 세금계산서를 발급할 수 없거나 발급하는 것이 현저히 곤란한 사업

주의해야 할 것은, 신용카드매출전표발행세액공제에도 그 대상이 되려면 거래에 몇 가지 조건이 필요하다. 우선 ①신용카드매출전표 등 발행세액공제 대상사업자가, ②과세대상 재화와 용역을 공급하고, ③신용카드매출전표 등을 발급하거나 전자적 결제수단

으로 결제한 경우에 한한다.

이를 바탕으로 다음과 같은 거래에 대해서 세액공제를 받을 수 있다.

① 신용카드 매출전표와 체크카드영수증 발행분

② 결제대행업체를 통한 신용카드 매출전표 발행분

③ 선불카드영수증 발행분: 실지 명의 확인분만

④ 현금영수증 발행분

나성공 사장의 경우에도 6억 6,000만 원(부가가치세 포함)의 매출을 올렸기 때문에, 신용카드매출전표 발행세액공제를 받을 수 있다. 계산해보면 6억 6,000만 원의 1.3%인 858만 원이다. 그러나 한도액인 500만 원까지만 공제가 가능하고, 초과한 358만 원을 환급받을 수는 없다.

만약 나성공 사장이 환급은 불가능하다는 사실을 모르고 858만 원 전체를 공제 신고해서 부가가치세를 덜 냈다면, 나중에 가산세가 부과될 수도 있다. 이 점을 명심해, 신용카드매출전표 발행세액공제를 신청할 때에는 한도액인 500만 원을 초과하진 않았는지 확인하도록 하자.

02

받아야 할 돈 못 받으면 억울하다

1. 외상대금 못 받았으면 어떻게 할까?

모든 거래가 현금으로, 즉석에서 이루어진다면 사업자로서는 더 바랄 게 없을 만큼 좋을 것이다. 하지만 사업을 하다 보면 어쩔 수 없이 외상으로 상품을 사거나 팔 때가 있다. 어음으로 거래하는 경우도 많은데, 돈을 다 받을 수 있을지 불안해할 수밖에 없는 것이 현실이다.

부가가치세를 포함해 1억 원이 넘는 상품을 외상으로 판매하고 어음을 받은 식자재 유통업체 사장님이 있었다. 부가가치세 신고 때 어음에 포함된 금액도 납부했다. 하지만 거래한 업체가 갑작스럽게 부도났고, 결국 이 사장님은 어떻게든 외상대금을 회수할 방법이 없을까 알아보려고 나를 찾아온 것이다.

난 재산압류 등 민사소송을 통해 못 받은 외상대금의 일부라도 받을 수 있도록 법적인 절차를 밟을 것을 권했다. 거래 업체가 주식회사이고 법인 재산이 있다면 채권자들이 일부라도 변제받을 수 있다는 사실을 알려주었다.

가능성이 높은 것은 아니지만 일부라도 변제가 가능하다는 말에 사장님은 일단 조금이나마 희망을 얻은 것 같았지만, 불확실한 돈인 만큼 썩 만족한 것 같지는 않았다. 그러나 '대손세액공제'에 대한 설명을 듣고서는 표정이 한결 밝아졌다.

거래업체 부도로 외상대금을 수금하지 못하게 된 사장님을 웃게 한 대손세액공제란 무엇일까?

바로, 받지 못한 부가가치세액을 대손이 확정된 날이 속하는 과세기간의 매출세액에서 공제해주는 것이다. 즉, 위의 사장님과 같은 상황이라면, 거래 업체가 부도난 날이 속한 과세기간의 매출세액에서 부가가치세액을 공제해주게 된다.

대손세액공제의 논리는 간단하다. 부가가치세는 대금회수와 관계없이 공급시기에 신고 · 납부하여야 하므로, 외상으로 재화 · 용역을 공급하고 부가가치세를 납부한 후에 대금을 받지 못한다 하더라도 세액은 이미 납부한 것이 된다. 부가가치세란 쉽게 말해 소비자로부터 잠시 맡아둔 세금을 국가에 대신 납부해주는 것이다. 그런데 외상으로 물건을 팔면 실제로 들어온 돈은 없는데 부가가치세는 내야 하므로, 사업자가 자신의 돈으로 미리 부가가치세를 내고, 소비자에게 외상대금과 함께 돌려받는다고 생각하면 된다. 그런데 소비자, 즉 이런 상황에서는 거래 업체가 외상대금을 돌려줄 수 없는 상황이 됐으니, 실제로는 올리지도 못한 매출에 대해 부가가치세를 낸 것과 같다. 그러니 거래처에서 외상대금을 받을 수 없는 상황이 됐음을 증명한다면 이미 낸 부가가치세를 돌려주는 것이다.

대손세액공제를 받으려면 거래상대방에게 다음 중 하나에 해당하는 사유가 발생하여야 한다.

① 파산법에 의한 파산(강제화의를 포함) → 화의(和議)조건에 따라 배당결정 후 잔여채권

② 민사집행법에 의한 강제집행→미충당채권(일부 자산만 강제집행은 불가)

③ 행방불명 · 사망 · 실종신고→상속재산으로 회수할 수 없는 채권

④ 회사정리법에 의한 회사정리계획인가의 결정 또는 화의법에 의한 화의인가 결정으로 채권이 회수불능으로 확정된 경우

⑤ 어음법 · 수표법 · 민법 · 상법상의 소멸시효가 완성된 경우→ 통상적으로 3년. 단, 음식 · 숙박 · 입장료는 1년

⑥ 수표 또는 어음의 부도발생일부터 6월이 경과한 경우(사업자가

채무자의 재산에 대하여 저당권을 설정하고 있는 경우는 제외)

⑦ 회수기일이 6월 이상 경과한 소액채권으로 채권가액이 20만 원 이하인 채권

⑧ 결손처분 채무자에 대한 채권 등

하지만 대손세액공제라고 해서, 까마득한 옛날 것까지 해주지는 않는다. 재화나 용역을 공급한 날부터 5년이 경과된 날이 속하는 과세기간에 대한 확정신고기한까지 대손이 확정된 것에 한하여 공제해준다.

설명은 어렵지만, 내용은 간단하다. 예를 들어, 아까의 그 사장님이 어음으로 거래를 한 시기가 2014년 10월이라고 해보자. 재화나 용역(여기서는 식자재) 공급한 날은 2014년 10월이므로, 5년이 경과된 날은 2019년 10월이 된다. 그리고 이날이 속하는 과세기간은 2019년 7월~12월이고, 이 과세기간의 확정신고기한은 2020년 1월 25일이다. 그 전까지 대손이 확정된다면, 다시 말해 거래상대방의 부도 등이 확정된다면, 이 거래에 포함된 부가가치세에 대해서는 대손세액공제가 가능하다. 하지만 2020년 1월 26일이나 그 이후에 대손이 확정된다면, 대손세액공제를 받을 수 없다.

대손세액공제를 받으려면 위의 대손사유가 발생한 과세기간의 부가가치세 확정신고서에 '대손세액공제신고서'와 대손사실을 증명할 수 있는 서류를 첨부하여 관할 세무서장에게 제출해야 한다.

여기서 대손사실을 증명할 수 있는 서류란 다음과 같다.

① 파산, 강제집행: 매출세금계산서 사본과 채권배분명세서, 배당표

② 사망· 실종선고: 매출세금계산서 사본과 법원 판결문 사본, 채권배분 계산서

③ 회사정리계획의 인가 결정: 매출세금계산서 사본과 법원이 인가한 회사정리 인가안

④ 부도어음(수표): 매출세금계산서 사본과 부도어음(수표) 사본

* 전자어음의 경우 금융결제원 어음 관련 홈페이지(www.u-note.kr)에서 전자어음 부도확인서를 발급받을 수 있다.

이를 통해 공제받는 금액은 부도어음 수표금액의 10/110에 해당하는 금액이다. 또한, 요건을 충족한다면 대손상각비로 비용처리도 가능하다.

건실한 업체와 거래하여 대손이 발생하지 않는 것이 가장 좋겠지만, 만약 거래처 부도가 발생한 경우 반드시 대손세액공제를 신청해서 손실을 줄이는 게 바람직하다. 앞에 말한 사장님도 결국 외상대금은 거의 돌려받지 못했지만 부가가치세 매출세액에서 1,000만 원을 공제받았다.

2. 판매자가 세금계산서를 안 끊어준다면?

사업자들이 자주 문의해오는 것 중 하나가, 거래상대방이 세금계산서를 발급해주지 않을 때는 어떻게 해야 하느냐는 것이다. 세금계산서를 받지 않으면 부가가치세 매입세액공제를 받지 못하기 때문에 사업자로서는 참으로 난감할 수 있다.

이런 상황은 대체로 평소 거래하던 곳이 아닌 다른 업체에서, 기존 거래 업체보다 더 저렴하게 물건을 공급해주겠다고 접근해왔을 때 일어난다. 지인 중 학교 앞에서 작은 문방구를 운영하는 사람이 있었는데, 한 도매업체에서 이런 식으로 접근해왔다고 한다. 한 푼이라도 아끼자는 생각에 거래를 시작했고, 물건의 품질도 다를 게 없어 처음엔 만족했다고 한다. 하지만 부가가치세 신고기간이 되어 세금계산서를 요구했는데도 불구하고 상대방이 세금계산서를 발행해 주지 않았다고 한다. 그가 지급한 부가가치세만 해도 거의 30만 원에 이르렀는데, 이는 거래처를 바꾸면서 할인받은 물건값보다도 적었다.

생각만 해도 화가 난다는 그에게 내가 알려준 해결책은 무척 간단했다. 매입자발행세금계산서 제도를 이용하라는 것이었다.

매입자발행세금계산서란, 세금계산서 발급의무가 있는 사업자(일반과세자)가 재화 또는 용역을 공급하고 그에 대한 세금계산서를 발급하지 않는 경우, 공급받은 사업자(매입자)가 관할 세무서장의 확인을 받아 세금계산서를 발급할 수 있는 제도를 뜻한다.

발급 절차는 다음과 같다.

(1) 재화 또는 용역을 공급하는 일반과세자가 세금계산서를 발급해주지 않는 경우, 공급시기가 속하는 과세기간의 종료일로부터 3개월 이내에 거래사실확인신청서에 대금결제 등 거래사실 입증자료를 첨부하여 사업장 주소지 관할 세무서장에게 거래사실의 확인을 신청한다.

(2) 거래사실 입증 책임은 매입자에게 있으므로, 대금 결제 등 증빙자료(영수증, 거래명세표, 거래사실 확인서 등)를 확보해야 한다.

(3) 거래사실 확인을 신청하는 경우, 거래건당 부가가치세를 포함한 공급대가가 10만 원 이상이어야 한다.

매입자발행세금계산서란, 한마디로 매입자가 세금계산서를 발행하는 것이다. 원칙적으로 세금계산서는 공급자(매출자)가 발행하는 것이지만, 공급자가 우월적 지위를 이용해 세금계산서를 발행해주지 않는 경우가 있기 때문에 예외적으로 매입자가 발행할 수 있도록 만든 제도다.

일반과세자로부터 재화 · 용역을 공급받은 모든 사업자(면세사업자 포함)는 매입자발행세금계산서를 발급할 수 있다. 신청인이 매입자발행세금계산서를 발행하고 부가가치세 신고 또는 경정청구를 할 때 매입자발행세금계산서합계표를 제출하면 매입세액으로 공제받을 수 있다. 또한 공급자가 반품하거나 가격을 변동한 경우 수정세금계산서를 발행해야 하지만 만약 부도·폐업 등으로 발행하지 못할 경우에도 매입자가 대신 발행할 수 있다.

03 / 부가가치세, 어차피 환급받을 거 빨리 환급해주면 안 되나?

1. 사업의 포괄양수도하면 부가가치세 안 내도 된다고?

정년퇴직을 한 분들이 창업하는 경우가 점점 늘고 있다. 재취업이 어려운 상황에서 퇴직금을 끌어모아 시작하는 창업이란, 인생의 커다란 승부수가 되게 마련이다. 문제는 창업 후 3년 이상 유지하는 경우가 전체의 15%에 불과하다는 것이다.

창업에 실패하는 이유야 여러 가지가 있겠지만, 초기 자본금 부족으로 어려움을 겪다가 금방 폐업하는 경우가 가장 안타깝다. 자본금이 부족해 비싼 이자로 대출을 받아 힘겹게 위기를 넘기기도 하지만, 이미 창업 때부터 대출을 안고 시작하는 경우가 많아 추가 대출을 받지 못하고 사채에 손을 대는 사람도 보았다.

실제로 내가 아는 분도 정년퇴직을 한 후 부동산임대업을 시작했다. 마침 마음에 드는 곳을 찾았는데, 퇴직금을 긁어모아도 돈이 부족했다. 하지만 놓치기엔 아까운 곳이라는 생각에 적금과 연금도 해약하고 대출까지 받아 건물을 매입하기로 했다.

그러나 모든 일이 순조롭게 진행되던 차에 약간의 문제가 생겼다. 건물값에 포함된 부가가치세는 환급받을 돈이라 생각해 준비하지 않은 것이다. 하지만 계약금을 지불한 후, 잔금일까지 부가가치세를 포함한 전액을 지불해야 한다는 말을 들었다. 건물에 포함된 부가가치세는 나중에 환급받아야 한다는 것이다.

다행히 나에게는 이분을 도와줄 방법이 있었다. 사업의 포괄 양도 · 양수라는 제도를 알려준 것이다. 이 제도가 그에게 어떤 도움이 되었는지 알아보기 전에, 사업의 포괄 양도 · 양수가 무엇인지부터 알아보자.

'사업의 포괄적 양도 · 양수'란 사업장별로 사업용 자산을 비롯한 종업원 및 권리 · 의무 등을 포괄적으로 승계하여 양도하는 것을 뜻하는 말로, 다음과 같은 요건을 갖추어야 한다.

① 사업양도 · 양수 계약서 등에 의거 사업의 포괄적 양도 사실이 확인되어야 한다.

② 양도자 및 양수자가 일반 과세사업자여야 한다. 사업양수 후 양수자가 면세사업으로 전용하는 경우에는 사업양수도가 인정되지 않는다.

③ 공급자 즉, 판매자가 사업양도 후 '사업양도신고서'를 제출하여야 한다.

④ 사업을 포괄적으로 양도 · 양수한 경우, 양도자는 폐업하면서 부가가치세 신고를 할 때 '사업양도신고서'를 세무서에 제출하여야 하고, 양수자는 사업자등록을 할 때 일반과세자로 등록하면서 양도양수계약서 사본을 제출하여야 한다.

이러한 요건을 충족한 경우, 사업을 양도하면 재화의 공급으로 보지 않기 때문에 부가가치세가 과세되지 않는다.

사업의 포괄양수도에 부가가치세를 과세하지 않는 이유는, 양도자가 납부한 부가가치세를 추후 양수자가 환급받게 되어 아무런 세금징수 효과가 없기 때문이다. 그러므로 부가가치세법상 사업의 포괄양수도에 해당하면 양수자는 양도자에게 부가가치세를 지급하고 다시 세무서로부터 환급받는 번거로움을 피할 수 있다.

이 제도를 활용하면 거래의 성사도 더욱 원활하게 된다. 사업을 포괄적으로 넘기는 양도자는 부가가치세만큼 양도가액을 낮출 수 있으므로 거래를 원활히 성사시킬 수 있고, 양수자는 사업을 양수하는 데 따른 자금부담을 덜 수 있기 때문이다.

앞서 말한 사장님의 경우, 건물을 매입한 후에도 부동산임대사업을 계속하고 임차인의 변경 없이 보증금도 그대로 인수하기로 한 상태였기에 사업을 포괄적으로 양수하는 것으로 볼 수 있는 상황이었다. 서둘러 절차를 밟은 그 사장님은 추가로 돈을 마련하지 않고도 사업을 시작할 수 있었다.

2. 고정자산을 구입하거나 수출하면 빨리 환급된다

사업의 포괄 양수 · 양도의 경우 부가가치세를 낼 필요가 없다는 사실은 앞에서 설명했다. 그렇다면 어떤 경우에 부가가치세 환급 시기를 앞당길 수 있는 것일까? 선박부품을 만드는 제조업을 시작한 사장님의 이야기를 들어보자.

그는 평생 조선소에서 일했고, 은퇴할 무렵에는 신입 시절부터 함께 근무하던 친구들이 이미 조선소의 중견 간부였기 때문에, 품질만 보장된다면 판매는 걱정할 필요가 없었다. 이 사장님은 젊어서부터 착실하게 모은 돈과 약간의 창업대출을 합쳐 선박부품 회사를 창업했다.

제조회사는 시설과 기계장치, 설비 등으로 초기 투자 비용이 엄청나다. 이 사장님도 마찬가지로 초기에 상당한 비용을 쓸 수밖에 없었다. 문제는 시설비가 생각보다 많이 들어, 정작 원재료를 구매할 돈이 부족했던 것이다. 제품에 대한 평이 좋아 주문이 들어왔는데, 자금순환이 되지 않아 두 달도 버티기 힘든 상황이었다.

내가 그 사장님을 만난 시기가 마침 그 무렵이었다. 그리고 이런 상황에 딱 들어맞는 해결책을 나는 알고 있었다. 바로, 부가가치세 조기환급 제도를 활용하는 것이다.

주지하다시피, 부가가치세 납부세액은 매출세액에서 매입세액을 뺀 금액이다. 사업을 하다 보면 시설투자 등으로 인해 매출세액보다 매입세액이 많은 경우가 생기기도 하는데, 이럴 때 부가가치세를 조기에 환급받을 수 있다.

통상적으로 개인 일반과세자나 법인과세자에 관계없이 매출보다 매입이 많은 경우 부가가치세 환급은 확정신고기한 30일 이내에 받게 된다. 예를 들어 1~6월 매출이 2억 2,000만 원(부가가치세 2,000만 원), 매입이 3억 3,000만 원(부가가치세 3,000만 원)이라면, 7월 25일까지 신고하면 8월 말경에 1,000만 원을 환급받게 된다.

하지만 특정한 경우에는 확정신고기간이 아니더라도 신고기한으로부터 15일 이내에 조기환급을 받을 수 있다.

조기환급의 자세한 내용은 다음과 같다.

(1) 조기환급 대상

① 수출 등으로 영세율이 적용되는 때

수출상품 및 외화 획득 사업에는 영세율이 적용되고 있다. 따라서 매출세액은 0이 되므로, 매입세액 전액을 환급받게 된다.

② 사업설비를 신설 · 취득 · 확장 · 증축하는 때(고정자산 금액이 큰 자산을 구매하여 조기환급을 받고 싶을 때)

(2) 조기환급 신고 방법

조기환급 신고는 예정신고 또는 확정신고기간별로 신고하거나 예정신고기간 중 또는 과세기간 최종 3월 중 매월 또는 매 2월 단위로 신고할 수 있다.

예를 들어, 1월에 시설투자로 인해 환급세액이 발생하면 1월분만을 2월 25일까지 조기환급 신고하거나, 1~2월분을 합쳐 3월 25일까지 조기환급 신고할 수도 있다. 또한, 1~3월분을 합쳐서 예정신고기간인 4월 25일까지 신청하는 방법도 있다.

(3) 환급세액의 계산 및 지급

조기환급기간의 매출세액에서 매입세액을 뺀 납부세액이 0보다 적을 때 환급세액이 발생한다.

결론적으로 조기환급 신고도 영세율이나 시설투자 관련 매입세액만을 가지고 계산하는 것이 아니라, 조기환급 신고기간의 매출세액에서 매입세액을 공제한 금액으로 계산한다.

앞에서 예로 든 선박부품 회사 사장님은 원래 8월 말에 부가가치세를 환급받을 수 있었지만 3월 25일에 조기환급을 신청해 4월 초순에 부가가치세를 환급받았고, 그 돈으로 원재료를 확보해 몰려드는 주문량을 맞출 수 있었다. 시설 등에 들어간 부가가치세는 그

금액이 상당하므로, 몇 개월을 먼저 받는다는 것은 이처럼 큰 의미가 있으니 조기환급제도를 잘 활용하도록 하자.

04

/

부가가치세 의제매입세액공제되는 사업이 있다고?

1. 음식점 사업자가 알아야 할 의제매입세액공제란?

'먹는장사가 남는 장사'라는 말을 누구나 한 번쯤은 들어봤을 것이다. 이처럼, 누군가 창업한다고 하면 가장 흔히 떠올리는 것이 바로 음식점이다. 실제로 창업하는 사람들 중 상당수가 음식점을 연다. 예전부터 어떤 음식이 인기를 끌기 시작하면 같은 메뉴를 주로 파는 식당이 숲에 불길 번지듯 잔뜩 생겨났다가 사라지곤 했다. 매운 불닭이 유행하자 좁은 거리 하나에 불닭집이 서너 개씩 들어섰

다가 지금은 찾아보기도 힘들어졌다. 마찬가지로 육회가 휩쓸고 지나간 적도 있다.

이런 음식점 사업을 하려면 생각해봐야 할 것들이 많다. 이 음식이 인기를 끄는 것이 순간적인 현상일까, 아니면 지속될 현상일까? 이 사업에 뛰어들 사람이 얼마나 많을까? 그 외에도 많은 것들을 따져보고 고려해야 한다.

하지만 일단 뛰어들기로 결심했다면, 이제 어떻게 살아남을 것인가를 고민해야 한다. 그리고 음식점 사업자가 알아야 할 세법 공부도 게을리해서는 안 된다. 매출은 굴곡이 있지만, 세금은 정직하기 때문이다.

이번에는 음식점을 운영하는 사업자들을 위해, 아주 중요한 정보인 의제매입세액공제에 대해 살펴볼까 한다.

(1) 음식점 의제매입세액공제란?

음식점 사업자가 면세 농 · 축 · 수산물을 원재료로 하여 과세용역인 음식물을 제공할 경우 면세농산물 구입액의 일정 비율을 부가가치세 매입세액으로 공제해주는 제도를 뜻한다. 쉽게 말해, 음식점 등에서 고기나 농수산물을 매입해 음식을 만들어서 고객에게 판매한 경우 매입액의 일정 금액을 부가가치세 매입세액으로 인정해주는 것이다.

(2) 음식점 의제매입세액공제 대상품목

음식점업 사업자가 음식점업에 사용한 원재료로, 면세로 구입한 농 · 축 · 수 · 임산물이다. 예를 들어, 쌀, 정육, 생선, 채소, 계란, 소금 등 대부분의 미가공 식자재가 그 대상이다.

내가 아는 사장님 중 특이한 케이스가 있다. 제주도가 고향이었던 그는 해산물에 대해서는 일가견이 있었다. 이 사장님은 마침 고향 친구 중 수산물 도매점을 운영하는 친구도 있고, 흑돼지 농가를 운영하는 친구도 있었기에, 흑돼지와 생선회를 함께 파는 음식점을 서울에 개업했다.

내게 찾아왔을 때, 이 식당은 개업 후 약 6개월 만에 매출이 5억 원에 가까울 정도로 장사가 잘됐다. 재료비와 종업원 급여를 빼고도 달마다 1,000만 원이 넘게 남았다. 시작한 지 얼마 안 됐지만, 자축할 만한 성과였다. 하지만 부가가치세 신고기간이 다가와 대략적으로 계산을 해본 그 사장님은 울상을 지어야 했다. 매입이 상당히 많았는데도 부가가치세가 거의 4,000만 원에 이른 것이다. 내게 찾아온 이유도 부가가치세를 줄일 방법을 알고 싶어서였다.

눈치챘겠지만, 이 사장님은 육류와 수산물을 원재료로 한 음식점 사업을 하고 있었으니 의제매입세액공제가 가능했다. 당시 조사해본 바로, 그 사장님이 이러한 육류와 수산물, 야채, 계란, 소금 등 의제매입세액공제 대상품목 매입에 사용한 돈이 1억 원을 훌쩍 넘긴 것이다.

그렇다면 이 사장님은 의제매입세액공제로 총 얼마를 아꼈을까? 1억 원의 10%인 1,000만 원? 부가가치세라는 점에서 그렇게 오해할 수도 있다. 하지만 의제매입세액공제 계산에는 별도의 공제율이 존재한다.

이제 계산 방법과 공제받는 방법을 알아보자.

2. 음식점 의제매입세액공제 방법

음식점 의제매입세액공제 시기와 방법은 다음과 같다.

(1) 공제 시기

음식점업 사업자가 면세농산물을 구입한 날이 속하는 예정신고기간 또는 과세기간이 의제매입세액을 공제받는 시기다. 구입한 농수산물을 사용하거나 소비한 시점으로 착각해서는 안 된다.

(2) 공제 방법

의제매입세액공제를 받기 위해서는 면세농산물을 구입하면서 계산서나 신용카드매출전표를 받아야 한다. 계산서란 부가가치세 면세물품 공급을 증명하는 법적인 증빙서류다. 만약 농어민에게 직접 농수산물이나 임산물 등을 받고 간이영수증을 받았다면 의제매입세액공제를 받을 수 없다.

예외적으로 음식업을 운영하는 간이과세자는 농민으로부터 직접 농산물을 구입하는 경우 매출액의 5%에 해당하는 금액에 대해 별도의 증빙서류 없이 의제매입세액공제신고서만 제출하면 공제받을 수 있다.

(3) 공제율과 공제 한도

① 공제율(2018.1.1~2019.12.31)

<table>
<tr><th colspan="4">구 분</th><th colspan="2">공제율</th></tr>
<tr><td rowspan="4">음식점업</td><td rowspan="3">음식업</td><td rowspan="2">개인</td><td>과세표준 2억 원 이하[1]</td><td>9/109</td></tr>
<tr><td>과세표준 2억 원 초과</td><td>8/108</td></tr>
<tr><td>법인</td><td colspan="2">6/106</td></tr>
<tr><td colspan="2">과세유흥장소</td><td colspan="2">4/104</td></tr>
<tr><td colspan="3">제조업</td><td colspan="2">4/104</td></tr>
<tr><td colspan="3">이외의 사업자</td><td colspan="2">2/102</td></tr>
</table>

② 한도율(2016.1.1~2018.12.31)

<table>
<tr><th colspan="2">구 분
(해당기간 과세표준)</th><th>음식점업</th><th>기타업종</th></tr>
<tr><td colspan="2">법 인</td><td colspan="2">35/100</td></tr>
<tr><td rowspan="3">개인</td><td>1억 원 이하</td><td>60/100</td><td rowspan="2">50/100</td></tr>
<tr><td>1억 원 초과 2억 원 이하</td><td>55/100</td></tr>
<tr><td>2억 원 초과</td><td>45/100</td><td>40/100</td></tr>
</table>

음식점 의제매입세액공제는 한식, 중식, 일식, 분식 등 일반음식점뿐만 아니라 음식점업으로 등록된 술집이나 호프집에도 적용이 된다.

---

1 과세표준이란 해당 과세기간, 예를 들어 1기(1~6월)에 공급한 재화 또는 용역의 공급가액을 합한 금액을 말한다. 공급가액이란 부가가치세 매출세액을 제외한 금액이다.

위 사례에서 사장님은 음식업을 하는 개인사업자에 해당되므로 1억 원의 8/108인 약 740만 원의 부가가치세를 공제받을 수 있다.

또한, 해당 기간 부가가치세 과세표준이 2억 원을 초과하므로 의제매입세액공제의 한도는 공급가액 5억 원의 45%인 2억 2,500만 원이 된다. 따라서 한도에 걸리지 않는다.

음식업 사업자의 경우 부가가치세를 한 푼이라도 아끼기 위해서는 의제매입세액공제를 잘 활용해야 한다.

3. 재활용폐자원 의제매입세액공제

사업자들이 부가가치세와 관련해 억울하다며 상담을 요청할 때가 제법 있다. 그중 하나가, 자신은 매출에 대해 부가가치세를 꼬박꼬박 내는데 매입에 대해서는 세금계산서를 받지 못해 매입세액공제를 받지 못하는 경우다. 영세한 간이과세자들에게서 물건을 매입해 재판매하는 사업자들이 자주 겪는 일인데, 대표적으로 흔히 '고물상'이라고 하는 재활용폐자원 수집업자들을 들 수 있다. 이들은 폐지를 제지회사에 팔면서 부가가치세를 내는데, 막상 소규모 수집상이나 개인들에게서 매입할 때는 세금계산서를 못 받아 부가가치세 매입세액공제를 받지 못하는 경우가 많다.

하지만 이는 세법이 잘못돼서라기보다는 그분들이 세법을 잘 몰라서 내는 것이라고 할 수 있다. 세법에는 엄연히 '재활용폐자원 의제매입세액공제'라는 제도가 있다. 용어에서 알 수 있듯이, 재활용폐자원을 수집하는 사업자(일반과세자)를 대상으로 매입세액을 공제해주는 제도다. 이들이 면세사업자, 간이과세자, 개인 등 세금계산서를 발급할 수 없는 자로부터 폐자원을 매입할 경우 매입가액의 3/103을 공제받을 수 있다.

매입세액공제를 받을 수 있는 재활용폐자원 및 공제대상 사업자는 다음과 같다.

(1) 재활용폐자원 사업자의 범위

① 고철, 폐지, 폐유리, 폐합성수지, 폐합성고무, 폐금속캔, 폐건전지, 폐비철금속류, 폐타이어, 폐섬유, 폐유 공제대상 사업자

② 폐기물관리법에 의하여 폐기물중간처리업 허가를 받은 자 또는 폐기물 재활용 신고를 한 자

③ 한국환경공단법에 따른 한국환경공단

④ 재생재료 수집 및 판매를 주된 사업으로 하는 자

(2) 매입세액공제 받는 방법

매입세액공제를 받기 위해서는 부가가치세를 신고할 때 '재활용폐자원 등의 매입세액공제신고서'와 매입처별계산서합계표 또는 영수증을 제출해야 한다.

(3) 유의사항

재활용폐자원 등의 매입세액공제신고서에 다음 각호의 사항이 기재되어 있지 아니하거나, 그 거래내용이 사실과 다른 경우에는 매입세액을 공제받지 못한다. 공급자의 등록번호(개인의 경우에는 주민등록번호)와 명칭 및 대표자 성명(개인의 경우에는 그의 성명)이 다른 경우 공제받을 수 없다.

또한, 재활용폐자원 의제매입세액공제에도 한도가 있다. 부가가치세 확정신고 시 해당 과세기간에 해당 사업자가 공급한 재활용폐자원과 관련한 부가가치세 과세표준에 80%를 곱하여 계산한 금액에서 세금계산서를 발급받고 매입한 재활용폐자원 매입가액을 차감한 금액이 한도가 된다. 이를 간단하게 공식으로 정리하면 다음과 같다.

한도액=(해당 과세기간 재활용폐자원과 관련한 과세표준×80/100)

-세금계산서를 받고 매입한 재활용폐자원 매입가액

예를 들어 7~12월에 재활용폐자원에 대한 과세표준이 2억 원, 세금계산서를 받고 매입한 재활용폐자원의 공급가액이 1억 원이라고 하면 한도는 6,000만 원이 된다.

200,000,000×0.8-100,000,000=60,000,000

여기서 주의해야 할 것은, 과세표준은 부가가치세에 대한 과세표준이므로 매출에서 부가가치세를 뺀 금액으로 계산해야 한다는 것이다.

4. 자동차 매매업자의 의제매입세액공제

자동차 매매업자의 경우, 중고자동차를 산 금액에 대해 2018년부터는 그 금액의 10/110을 부가가치세 매입세액공제를 받을 수 있다. 단, 여기에는 다음과 같은 몇 가지 조건이 따른다.

(1) 공제 가능 사업자

① 자동차관리법에 의하여 자동차매매업 등록을 한 사업자

② 중고자동차를 수출하는 자

(2) 공제요건

① 구입 요건: 간이과세자나 국가 · 지방자치단체 및 개인 등 부가가치세 과세사업을 하지 않는 자로부터 중고자동차를 매입할 것

② 해당 차량: 자동차관리법에 따른 자동차 중 중고자동차

(3) 의제매입세액공제가 되지 않는 중고자동차

① 수출되는 중고자동차로서 「자동차등록령」 제8조에 따른 자동차등록원부에 기재된 제작연월일부터 수출이행여부신고서에 기재된 수출신고수리일까지의 기간이 1년 미만인 자동차

② 사업자가 해당 중고자동차를 구입할 때 매입세액공제를 받은 후 중고자동차를 수집하는 사업자에게 매각하는 자동차(간이과세자가 매입세액을 공제받은 경우에는 제외한다)

(4) 공제 절차

부가가치세 신고 시 '재활용폐자원 등의 매입세액공제신고서'에 중고자동차를 구입한 영수증 등을 첨부하여 제출하여야 한다. 이 경우, 재활용폐자원 등의 매입세액공제신고서에 다음 사항들을 반드시 기재해야 한다.

① 공급자의 등록번호(개인의 경우에는 주민등록번호)와 명칭 및 대표자의 성명(개인의 경우에는 그의 성명)

② 취득가액

05
/
부가가치세 잘못 신고했는데, 어쩌죠?

1. 매출을 누락했다면? 수정신고를 하자!

사람은 누구나 실수를 할 수 있다. 부가가치세 신고를 하는 것은 사람이다. 고로, 부가가치세 신고를 하다 보면 실수를 할 수 있다.

아무래도 세금이란 것이 워낙 민감한 사안이다 보니, 누구나 실수를 하면 크게 당황한다. 만약 부가가치세 신고를 이미 끝냈는데 매출세금계산서 1장을 빠뜨렸다는 것을 알았다면 아마 심장이 덜컥할 것이다. 특히 사업을 시작한 지 얼마 안 된 사람이거나, 세무조사를 받은 경험이 있는 사람이라면 더욱 놀랄 수밖에 없다.

하지만 당황할 필요 없다. 말했듯이, 사람은 누구나 실수를 하기 때문에 세법에서도 부가가치세 신고에서 실수할 경우를 대비해 수정신고 제도를 만들었다.

이제 수정신고에 대해 자세히 알아보자.

(1) 수정신고의 정의

수정신고란, 정해진 부가가치세 신고기한 내에 신고한 납세자가 원래 신고하여야 할 금액에 미달하게 신고하였거나 환급세액을 초과하여 신고한 경우 바로잡는 신고를 말한다. 쉽게 말해, 원래 내야 할 세금보다 적게 신고한 경우 추가로 세금을 더 신고하고 납부하는 것이다. 단, 가산세가 붙는 것은 피할 수 없다.

수정신고 제도는 납세자에게 스스로 자신의 신고 내용을 바로잡을 수 있는 기회를 줌으로써, 가산세 부담을 줄이고 조세범으로 처벌을 받는 등의 불이익을 줄이는 효과가 있다.

(2) 수정신고 기한

세무서에서 결정 또는 경정하여 통지하기 전까지만 수정신고를 할 수 있다. 즉, 세무서가 세무조사를 나와 적발하기 전까지 수정신고를 할 수 있다는 말이다.

(3) 가산세 감면

만약 누락된 세금계산서를 발견했다면 하루라도 빨리 수정신고를 하는 것이 절세의 지름길이다. 수정신고를 빨리할수록 과소신고·초과환급신고가산세·영세율 과소신고가산세를 감면받을 수 있기 때문이다.

가산세 수정신고 기간에 따라 다음과 같이 감면된다.

① 법정신고 기한 경과 후 6개월 이내 수정신고
　: 100분의 50

② 법정신고 기한 경과 후 6개월 초과 1년 이내 수정신고
　: 100분의 20

③ 법정신고 기한 경과 후 1년 초과 2년 이내 수정신고
　: 100분의 10

예를 들어, 세금계산서 1억 1,000만 원을 누락하고, 5개월 후에 그 사실을 알게 돼 수정신고를 했다고 해보자. 원래는 일반과소신고가산세 100만 원(누락한 부가가치세의 10%)을 가산세로 내야 하지만, 6개월 내에 수정신고를 했으므로 100분의 50인 50만 원을 감면해준다.

법정신고 기한 2년이 지났더라도 세무서에서 결정 또는 경정하여 통지하기 전까지는 수정신고를 할 수 있다. 하지만 이때는 가산세 감면 혜택은 주어지지 않는다.

2. 매입세금계산서를 빠뜨렸다면?
경정청구를 하자!

앞에서 매출액을 누락했을 경우 수정신고를 할 수 있다고 했다. 하지만 사람이 반대의 실수라고 해서 저지르지 말라는 법은 없다. 즉, 공제받았어야 할 매입세금계산서를 빠뜨릴 수도 있다는 것이다. 이런 경우는 어떻게 해야 할까?

세법은 합리적이기 때문에, 이런 경우에도 대비하고 있다. 바로, 경정청구 제도다.

(1) 경정청구의 정의

경정청구란, 최초신고나 수정신고한 과세표준 및 세액이 과다하거나 환급세액이 과소한 경우 세금을 환급해달라고 청구하는 것이다. 쉽게 말해, 세금을 과다하게 납부했으니 다시 돌려달라고 요청하는 제도다.

(2) 경정청구의 기한

수정신고와 마찬가지로 경정청구에도 기한이 있다. 법정신고기한이 지난 후 5년 이내가 경정청구의 기한이다. 예를 들어, 2014년 2기(7~12월) 부가가치세 확정신고의 법정신고기한은 2015년 1월 25일까지다. 이에 대한 경정청구는 2020년 1월 25일까지 할 수 있다.

한편, 경정청구를 받은 세무서장은 그 청구를 받은 날부터 2개월 이내에 경정 여부를 사업자에게 통보해야 한다.

(3) 경정청구의 신청 자격

과세표준신고서를 법정신고기한까지 제출한 자만 경정청구를 할 수 있다. 만약 정해진 기한 내에 신고하지 않은 납세자는 경정청구를 할 수 없다.

(4) 경정청구의 신청사유

① 과세표준신고서에 기재된 과세표준 및 세액이 세법에 따라 신고해야 할 과세표준 및 세액을 초과할 때

② 과세표준신고서에 기재된 결손금액 또는 환급세액이 세법에 따라 신고하여야 할 결손금액 또는 환급세액에 미치지 못할 때

③ 후발적 사유가 발생했을 때는 그 사유가 발생한 것을 안 날부터 3개월 이내

④ 최초의 신고 · 결정 또는 경정에서 과세표준 및 세액의 계산 근거가 된 거래 또는 행위 등이 그에 관한 소송에 대한 판결에 의하여 다른 것으로 확정되었을 때

예를 들어, 공급하는 자와 공급받는 자 사이에 법적 분쟁이 발생하여 거래금액에 대해 소송이 벌어질 때가 있는데, 경정청구기한인 3년이 지난 후에 소송이 확정되면 구제받을 방법이 없다.

이런 경우, 예외적으로 판결일로부터 3개월 이내에 경정청구

를 할 수 있다.

⑤ 소득이나 그 밖의 과세물건의 귀속을 제3자에게로 변경시키는 결정 또는 경정이 있을 때

세무서의 결정으로 인해 소득이 달라지는 경우가 있다. 예를 들어, 사업자등록을 하면서 명의만 대여해주고 실제로는 사업을 하지 않는 사람이 있다. 최초에는 명의대여자에게 과세했다가 다시 철회하고 실제 사업하는 사람에게 과세하는 경우처럼, 소득의 주체가 바뀌는 경우 그 결정일로부터 3개월 이내에 경정청구할 수 있다.

⑥ 조세조약에 따른 상호합의가 최초의 신고·결정 또는 경정의 내용과 다르게 이루어졌을 때

조세조약은 우리나라의 법과 마찬가지로 효력이 있다. 그러므로 조세조약으로 인해 과세내용이 달라질 경우, 경정청구기한이 지났더라도 조세조약 상호합의일로부터 3개월 이내에 경정청구를 할 수 있다.

⑦ 세무서의 결정 또는 경정으로 인하여 그 결정 또는 경정의 대상이 되는 과세기간 외의 과세기간에 대하여 최초에 신고한 국세의 과세표준 및 세액이 세법에 따라 신고하여야 할 과세표준 및 세액을 초과할 때

관할세무서가 세무조사를 나와서 소득의 귀속일이 달라지는 경우가 있다. 예를 들어, 2011년도 소득으로 신고했는데 실제로는 2010년 소득으로 바뀌는 경우다. 그런 경우 2011년 소득

이 적어지므로 3년이 지났더라도 결정(경정)일로부터 3개월 이내에 경정청구를 할 수 있다.

06

인터넷만 잘 활용해도 절세할 수 있다

1. 전자세금계산서 발행으로 불필요한 시간 낭비 줄이기

모든 법인기업과 전년도 공급가액(면세공급가액을 포함)이 3억 원 이상인 개인사업자는 의무적으로 전자세금계산서를 발행해야 한다. 그러나 연세가 있는 사업자들 중에는 인터넷이 익숙하지 않아 전자세금계산서를 어려워하는 분들이 많다.

전자세금계산서에 대해 자세히 알아보자.

(1) 전자세금계산서 발급과 전송기한

공급자, 즉 판매자는 공급한 날이 속하는 달의 다음 달 10일까지 전자세금계산서를 발행하고 이를 다음 날까지 국세청에 전송해야 한다. 발급기한이 토요일이나 공휴일인 경우에는 그다음 날까지로 기한이 연장된다. 전자세금계산서 발급 후 국세청에 전송하면 매출 · 매입처별 세금계산서를 별도로 제출하지 않아도 되고, 5년간 세금계산서 보관의무가 면제된다.

(2) 전자세금계산서 관련 가산세

전자세금계산서 발급을 불성실하게 할 경우, 다음과 같은 가산세를 물게 된다.

① 지연발급: 발급시기를 경과한 후 공급시기가 속하는 과세기간의 확정신고기한까지 발급할 시(1% 부과)

② 미발급: 전자세금계산서 발급의무자가 전자세금계산서를 아예 미발급하거나 거래의 공급시기가 속하는 과세기간에 대한 확정신고기한까지 발급하지 않을 시(2% 부과), 발급시기에 종이(수기)세금계산서를 발급할 시(1% 부과)

③ 미전송: 공급시기가 속하는 과세기간 다음 달 11일까지 미전송 시(1% 부과)

④ 지연전송: 발급일의 다음 날이 지나 과세기간 다음 달 11일까지 전송 시(0.5% 부과)

예를 들어, 전자세금계산서 작성 일자가 2018년 6월 30일이면 원래는 다음 달인 7월 10일까지 세금계산서를 발행해야 한다. 그런데 만약 7월 10일이 지나서 해당 과세기간의 확정신고기한인 2019년 1월 25일까지 세금계산서를 발급하면 지연발급가산세 1%가 붙는다. 만약 확정신고기한을 넘겨 발급하면 미발급가산세 2%를 내야 한다. 미발급된 공급가액이 1억 원이라면 200만원을 추가로 부담하게 되는 것이다.

(3) 개인사업자의 전자세금계산서 발급 기관

① 국세청 홈택스 홈페이지(https://www.hometax.go.kr): 무료로 전자세금계산서를 발급할 수 있도록 구축한 시스템

② ARS: 세무서에서 보안카드를 발급받아 국번없이 126(내선번호 1(홈택스)-2(전자세금계산서)-3(ARS발급)을 차례로 누른다) 전화로 발급

③ 발급대행 사업자: 유료로 표준인증을 받고 국세청에 등록한 민간 사업자의 시스템을 이용

(4) 전자세금계산서용 공인인증서 발급 방법

전자세금계산서를 발행하기 위해서는 '전자세금계산서용 공인인증서'가 필요하다. 인증서를 발급받으려면 사업자등록증 사본, 본인 신분증과 도장(서명도 가능)을 가지고 은행을 방문해, 은행에 비치된 기업인터넷뱅킹신청서를 작성하면 된다.

은행에서 기업인터넷뱅킹을 가입한 후, 인터넷으로 은행사이트에 접속하면 전자세금계산서용 인증서를 구매할 수 있다. 비용은

4,400원이며 1년간 사용할 수 있다. 다음으로, 국세청 홈택스 홈페이지에 가입해 공인인증서를 등록하면 전자세금계산서를 발행할 수 있다.

개인사업자가 전자세금계산서를 발급하려면, 거래 상대방의 사업자등록증 사본(사업자등록 정보)과 전자세금계산서 수취용 이메일 주소를 알아야 하고, 반드시 거래 금액을 확인해야 한다.

2. 국세청 홈택스에서 전자세금계산서 발행하는 방법

전자세금계산서를 발행하는 방법은 여러 가지가 있다. 그중 국세청 홈택스 홈페이지를 활용하면 비용이 전혀 들지 않는다.

국세청 홈택스 홈페이지에 가입하는 방법은 두 가지로, 은행에서 기업인터넷뱅킹을 신청하고 전자세금계산서용 인증서를 발급받는 것과 관할세무서 개인납세과에 가서 전자세금계산서용 보안카드를 발급받는 것이다. 보안카드를 받으면 국세청 홈택스에 가입할 수 있고, 보안카드 번호를 입력해 전자세금계산서를 발행할 수 있다.

사업자등록번호로 국세청 홈택스에 가입한 후 전자세금계산서를 발행하는 방법을 알아보자.

국세청 홈택스에 홈페이지에 접속하여 공인인증서로 로그인하면 다음과 같은 화면이 나타난다.

가운데 상단을 보면 총 일곱 개의 세부항목으로 나뉜다. 차례로 '건별발급' '수정발급' '일괄발급' '반복발급' '복사발급' '일괄수정발급' '전기료 등 공동매입분 발급'이다. 각각의 기능이 조금씩 다르지만, 여기서 모두 설명하기에는 어려움이 있으므로, 여기서는 '건별발급'에 대해서만 설명하겠다. '건별발급'이 가장 기초적이면서 많이 사용되는 항목이기도 하고, '건별발급'만 할 줄 알면 나머지도 그리 어렵지 않게 따라할 수 있기 때문이다.

'건별발급'을 클릭하면 다음과 같은 화면이 나온다.

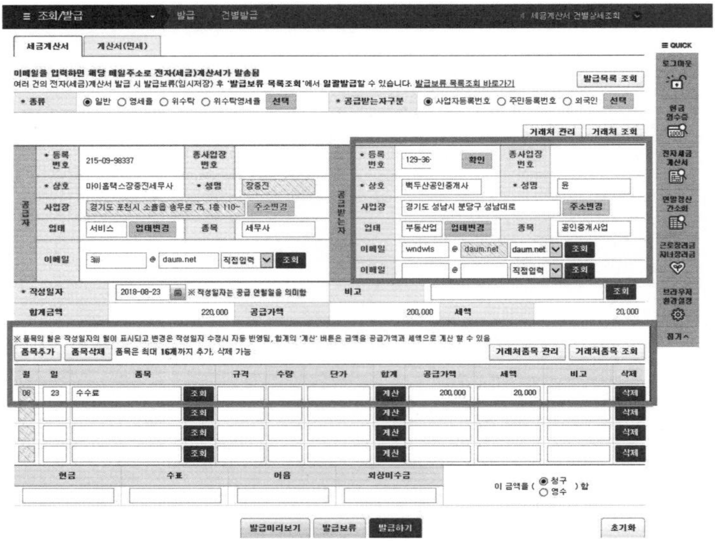

왼쪽 위를 보면, 세금계산서 종류는 일반, 영세율, 위수탁, 위수탁 영세율로 나뉘어 있다. 일반은 공급자가 공급받는 자에게 재화나 용역을 제공한 후 발행하는 세금계산서다. 영세율이란 공급자가 수출을 하거나 수출가공업체 등에 납품한 경우 발행하는 것이다. 위수탁과 위수탁영세율은 물건을 대신해서 팔아주는 수탁업체가 위탁업체를 대신해 발행하는 세금계산서라고 이해하면 된다.

통상적인 경우라면 '일반'이 기본적으로 나타난다. 다른 세금계산서를 발행하려면 마우스로 체크하고 오른쪽의 '선택' 버튼을 누르면 된다.

공급자는 자동으로 표시되어 나오기 때문에, 공급받는 자만 입력하면 된다. 아래의 순서대로 입력하고 확인해야 한다.

① 사업자번호를 입력하고 '확인'버튼을 누른다. 이때 거래 상대방이 정상사업자인지 조회가 된다.

② 상호와 대표자 성명을 적는다.

③ 아래에 사업장 주소와 업태 및 종목을 적는다.

④ 이메일 주소를 적는다. 메일 주소는 하나만 입력해도 된다.

⑤ 화면 하단의 '발급미리보기'로 확인한 후 '발급' 버튼을 누르면 전자세금계산서가 발급된다.

3. 국세청 홈택스에서 세금계산서 수정 발급하기

(1) 수정세금계산서의 정의

수정세금계산서란, 반품이나 공급가액의 착오, 계약 해제 등으로 인해 당초 발행한 세금계산서를 변경해야 할 경우 작성하는 것이다.

종이세금계산서를 교부하는 경우에는 공급하는 자와 공급받는 자가 합의하여 폐기 또는 수정하면 됐다. 그러나 전자세금계산서가 일반화된 오늘날에는 당초 발행한 세금계산서가 국세청으로 전송되기 때문에 반드시 수정세금계산서를 세법에 맞게 발행해야 한다.

(2) 수정세금계산서 발급 방법

국세청 홈택스에서 조회/발급 〉 전자세금계산서 〉 발급 〉 수정발급을 순서에 따라 클릭한다.

① 승인번호를 아는 경우: 승인번호를 입력하고 '확인'

② 승인번호를 모르는 경우: 예전에 발행한 세금계산서 조회 후 발급 가능

③ 당초 전자발급분이 없는 경우: 직접 입력하여 발급 가능

이 중, 승인번호를 모르는 경우를 통해, 국세청 홈택스에서 수정세금계산서를 발급하는 방법에 대해 알아보자.

'승인번호를 모르는 경우'를 선택하면 다음과 같은 화면이 나타난다.

위 화면에서 승인번호를 모르는 경우 '세금계산서 조회하기'를 클릭한다. 그럼 다음과 같은 수정 세금계산서 작성 화면이 나타난다.

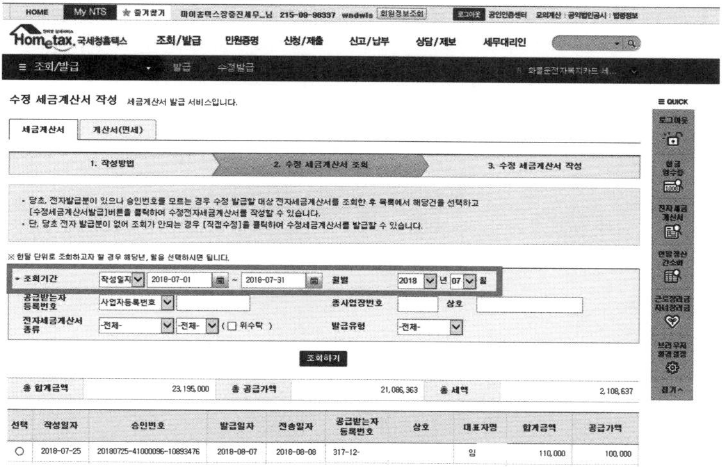

조회기간을 설정한 후에 조회하면 예전에 발행한 세금계산서가 나온다. 그중 해당하는 것을 선택해 진행하면 된다.

일단 수정할 세금계산서를 선택하면, 156쪽 그림과 같이 수정세금계산서 발급 사유를 선택하는 화면이 나온다. 사유는 '기재사항 착오정정 등' '착오에 의한 이중발급 등' '공급가액 변동' '계약의 해제' '환입' '내국신용장 등 사후개설'로 나뉜다.

각각에 대해 순서대로 알아보자.

① 기재사항 착오정정 등

필요적 기재사항 등이 착오로 잘못 기재된 경우에 선택한다. 당초 교부한 세금계산서 취소분 1장과 수정분 1장, 총 2장을 발급한다. 세무서장이 경정하여 통지하기 전까지 수정세금계산서를 작성해야 한다.

여기서 '필요적 기재사항'이란 공급자의 등록번호와 성명 또는 명칭, 공급받는 자의 등록번호, 작성연월일, 공급가액과 부가가치세액이다. 예를 들어, 공급받는 자의 사업자 번호가 틀렸다거나 공급가액을 잘못 기재한 경우다.

② 착오에 의한 이중발급 등

당초 1장만 발행해야 할 세금계산서를 2장 발행한 경우 또는 당초 발급대상이 아닌 거래 등에 대해 발급한 경우로, 당초 전자세금계산서를 작성한 날을 작성연월일로 하여 부(-)로 1장을 발급한다.

③ 공급가액 변동

공급가액의 증감사유가 발생한 날을 작성일자로 기록하고, 추가되는 금액은 정(+)의 세금계산서를, 차감되는 금액은 부(-)의 표시로 작성하여 교부한다. 만약 공급가액이 감소했다면 감소된 날을 '작성일자'에 입력한다. 공급가액과 세액에는 감소된 만큼 (-)표시와 금액을 넣는다. '발급' 버튼을 누르면 수정세금계산서가 발행된다.

④ 계약의 해제

계약이 해제된 때에 계약해제일을 작성일자로 하여 1장의 수정세금계산서를 발급하면 된다.

⑤ 환입

재화가 환입된 날을 작성일자로 기재하고, 비고란에 당초 세금계산서 작성일자를 기록한 후 부의 표시(-)를 하여 1부 교부한다. 환입된 만큼 공급가액에 (-)표시를 하여 수정세금계산서를 발급하면 된다.

⑥ 내국신용장 등 사후개설

당초에는 일반 세금계산서가 발행됐는데 공급시기가 속하는 과세기간 종료일로부터 25일 이내(25일이 공휴일 또는 토요일인 경우에는 바로 다음 영업일) 내국신용장이 개설된 경우, 영세율 세금계산서로 수정 발행할 수 있다. 당초 발행한 일반세금계산서는 부(-)로 발행하여 취소되고, 영세율로 1장 발급되어 총 2장이 발급된다.

당초 발행한 일반세금계산서를 취소한 후, 하단의 '새로 작성하는 전자세금계산서'에서 영세율 세금계산서를 발급하면 된다. 자동으로 영세율이 체크되는데, 세액이 0인 것을 확인한 후에 '발급' 버튼을 누르면 된다.

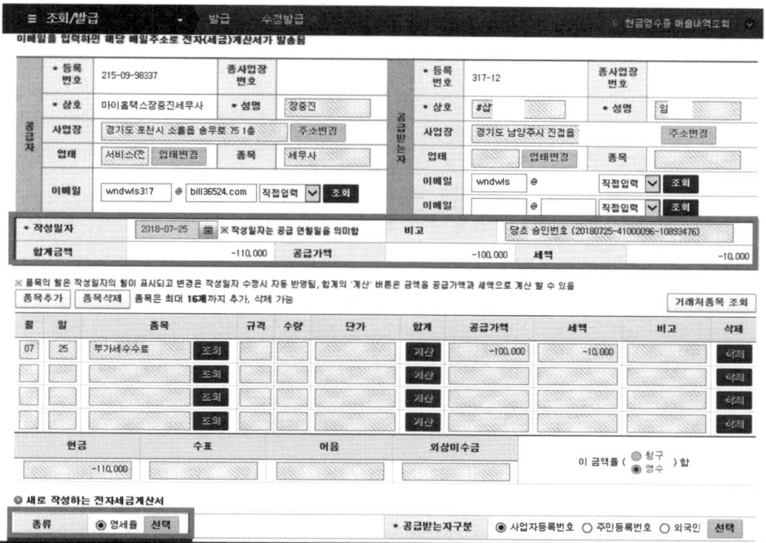
≡ 조회/발급
발급
수정발급
현금영수증 매출내역조회
이메일을 입력하면 해당 메일주소로 전자(세금)계산서가 발송됨
공급자
• 등록번호 215-09-98337
종사업장번호
• 상호 마이홈택스장중진세무사
• 성명 장중진
사업장 경기도 포천시 소흘읍 송우로 75 1층
주소변경
업태 서비스(주
업태변경
종목 세무사
이메일 wndwls317 @ bill36524.com 직접입력 조회
공급받는자
• 등록번호 317-12
종사업장번호
• 상호
• 성명
사업장 경기도 남양주시 진접읍
주소변경
업태
업태변경
종목
이메일 wndwls @ 직접입력 조회
이메일 @ 직접입력 조회
• 작성일자 2018-07-25 ※작성일자는 공급 연월일을 의미함
비고 당초 승인번호 (20180725-41000096-10893476)
합계금액 -110,000
공급가액 -100,000
세액 -10,000
※ 품목의 월은 작성일자의 월이 표시되고 변경은 작성일자 수정시 자동 반영됨, 합계의 '계산' 버튼은 금액을 공급가액과 세액으로 계산 할 수 있음
품목추가 품목삭제 품목은 최대 16개까지 추가, 삭제 가능
거래처품목 조회
월 일 품목 규격 수량 단가 합계 공급가액 세액 비고 삭제
07 25 부가세수수료 조회 계산 -100,000 -10,000 삭제
현금 수표 어음 외상미수금
-110,000
이 금액을 (청구 영수) 함
새로 작성하는 전자세금계산서
종류 영세율 선택
• 공급받는자구분 사업자등록번호 주민등록번호 외국인 선택

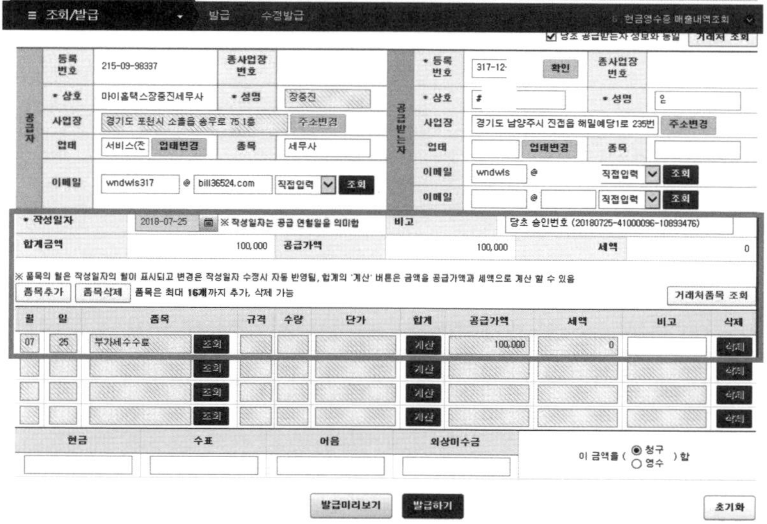
≡ 조회/발급
발급
수정발급
현금영수증 매출내역조회
당초 공급받는자 정보와 동일 거래처 조회
공급자
등록번호 215-09-98337
종사업장번호
• 상호 마이홈택스장중진세무사
• 성명 장중진
사업장 경기도 포천시 소흘읍 송우로 75 1층
주소변경
업태 서비스(주
업태변경
종목 세무사
이메일 wndwls317 @ bill36524.com 직접입력 조회
공급받는자
• 등록번호 317-12-
확인
종사업장번호
• 상호
• 성명
사업장 경기도 남양주시 진접읍 해밀예당1로 235번
주소변경
업태
업태변경
종목
이메일 wndwls @ 직접입력 조회
이메일 @ 직접입력 조회
• 작성일자 2018-07-25 ※작성일자는 공급 연월일을 의미함
비고 당초 승인번호 (20180725-41000096-10893476)
합계금액 100,000
공급가액 100,000
세액 0
※ 품목의 월은 작성일자의 월이 표시되고 변경은 작성일자 수정시 자동 반영됨, 합계의 '계산' 버튼은 금액을 공급가액과 세액으로 계산 할 수 있음
품목추가 품목삭제 품목은 최대 16개까지 추가, 삭제 가능
거래처품목 조회
월 일 품목 규격 수량 단가 합계 공급가액 세액 비고 삭제
07 25 부가세수수료 조회 계산 100,000 0 삭제
현금 수표 어음 외상미수금
이 금액을 (청구 영수) 함
발급미리보기
발급하기
초기화

07

/

홈택스로 돈 아끼기

1. 홈택스란?

요즘처럼 인터넷이 발달한 시대에 세금 신고나 납부, 조회 등을 일일이 세무서를 찾아가서 한다는 것도 시대에 뒤처지는 일이다. 이런 시대에 걸맞게 국체청에서는 온라인 납세 자동화 시스템이라고 할 수 있는 홈택스를 운영하고 있다. 홈택스를 이용하면 집이나 사업장에서도 인터넷만 쓸 수 있으면 세금 관련 신고, 납부, 조회 등이 가능하다.

홈택스 이용을 법적으로 강제하고 있지는 않다. 하지만 홈택스를 이용하면 세무서까지 가지 않아도 되기 때문에 편리할 뿐만 아니라 1만 원의 전자신고세액공제도 받을 수 있다. 이용료를 내고 쓰라고 해도 편리함 덕분에 쓰는 사람이 많을 텐데, 적은 금액이라곤 해도 공제까지 해준다고 하니 안 쓸 이유가 없다.

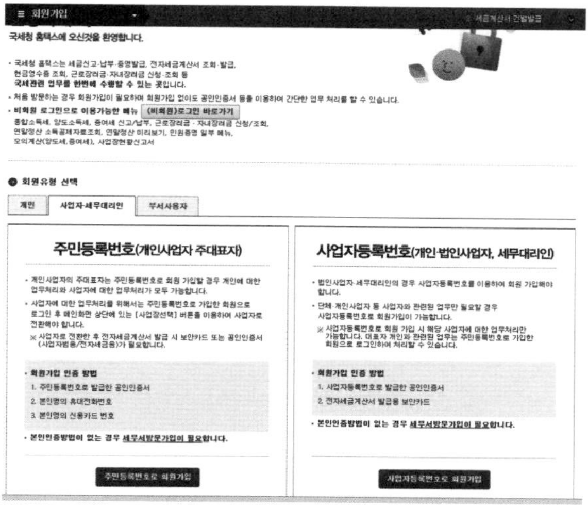

사업자가 홈택스를 이용하려면 주민등록번호 또는 사업자등록번호로 발급받은 공인인증서 또는 본인명의 휴대전화, 본인명의 신용카드번호가 있으면 가능하다. 또는 세무서에 발급받은 전자세금계산서 발급용 보안카드가 있어도 된다. 각 가입방법은 다음과 같다.

각 가입 방법은 다음과 같다.

(1) 공인인증서를 이용한 가입 방법

국세청 홈택스 홈페이지(http://www.hometax.go.kr) 오른쪽 상단 '회원가입'에 들어가서 주민등록번호로 발급한 공인인증서가 있을 경우 '주민등록번호로 회원가입'을 클릭하면 된다. 만약 사업자등록번호로 발급한 공인인증서가 있을 경우에는 오른쪽에 '사업자등록번호로 회원가입'을 클릭한 후 본인인증을 거쳐 순서대로 진행하여 가입한다.

(2) 전자세금계산서 발급용 보안카드로 가입하는 방법

사업자가 사업자등록증을 발급받은 후 관할세무서 개인납세과에 방문하여 신분증과 사업자등록증을 제시하면 전자세금계산서 발급용 보안카드를 발급받을 수 있다. 이 보안카드가 있으면 '사업자등록번호로 회원가입'을 클릭한 후 본인인증을 거쳐 순서대로 진행하여 가입한다.

(3) 세무서를 방문해 가입하는 방법

세무서 민원봉사실을 방문하여 '홈택스 이용 신청서'를 제출한다. 이때 방문하는 사람이 본인(법인은 대표자)이면 신청서와 신분증, 방문자가 대리인이면 신청서와 위임장, 위임자 신분증(법인은 법인인감증명), 위임받은 자의 신분증을 구비해야 한다. 법인은 신청서에 법인인감 또는 사용인감을 날인해야만 방문 신청이 가능하다.

홈택스로 부가가치세를 신고하는 방법은 일반과세자와 간이과세자가 조금 다르다. 차례로 알아보도록 하자.

2. 일반과세자 부가가치세 신고 방법

홈택스에 로그인하여 신고/납부 〉 세금신고 〉 부가가치세 〉 일반과세자 〉 정기신고(확정/예정)을 순서에 따라 클릭한다. 신고대상기간에 신고할 기간을 정한다. 예를 들어 2018년 1~6월의 경우 1기를 선택한 후 '확정'을 클릭하면 된다. 만약 1~3월이라면 1기를

선택한 후 '예정'을 택하면 된다.

참고로 개인사업자의 경우 일반적으로 예정신고는 하지 않고 국세청이 전기에 납부한 부가세의 1/2 금액을 고지하는 예정고지로 대체된다. 그러나 매출액이나 납부세액이 직전 과세기간 대비 1/3 미만으로 감소한 경우에는 예정신고를 할 수 있다.

다음으로 사업자번호를 입력한 후 '확인'버튼을 누르면 아래에 사업자세부사항이 자동으로 채워진다.

부가가치세를 매월 조기환급 신고한 사업자가 예정 · 확정신고를 하는 경우, 반드시 신고기간에 조기환급 신고기간을 제외하고 입력해야 한다.

만약 매출 · 매입이 없는 무실적 사업자인 경우 '무실적신고' 버튼을 누르면 편리하게 전자신고를 할 수 있다.

모든 사항을 입력하고 '저장 후 다음이동'을 클릭하면 신고서식 및 항목 선택 공지사항이 나타나는데, 업종별로 기본적인 서식이 자동으로 표시된다.

다음으로는 신고서식 및 항목을 선택하는 화면이 나타난다. 기본적인 것은 자동으로 체크가 되지만, 특별한 경우에는 사업자가 선택해야 한다.

● **입력서식 선택**

- 입력할 서식을 선택 하신 후, 신고서 제출까지 내용을 입력하십시오.
- 체크 표시를 하면 왼쪽에 입력할 서식이 메뉴로 나타납니다.
- 주업종코드에 해당하는 서식은 아래와 같이 기본적으로 선택됩니다.

※ "경감.공제내역/가산세/예정고지(신고)"에 해당되는 사항은 반드시 화면하단의 선택사항을 체크하셔야 신고서 입력이 가능합니다.

입력서식 도움말

과세표준 및 매출세액	매입세액/경감 · 공제세액	기타제출서류(영세율 제외)	기타제출서류(영세율)
☑매출처별세금계산서 합계표	☑매입처별세금계산서 합계표	☐동물진료용역 매출명세서	☑영세율 매출명세서
☑부동산임대공급가액 명세서	■매입처별 세금계산서합계표 (수출기업 수입 납부유예)	■건물관리명세서	☐수출실적명세서
☑신용카드매출전표등 발행금액 집계표	☑건물 등 감가상각자산 취득명세서	■사업장현황명세서	☐내국신용장 · 구매확인서 전자발급명세서
☐전자화폐결제 명세서	☑매입자발행 세금계산서 합계표	■사업양도신고서	☐영세율 첨부서류 제출명세서
☑현금매출 명세서	☑신용카드매출전표등 수령명세서	■간이과세 전환시의 재고품등 신고서	☐관세환급금 등 명세서
■대손세액 공제신고서	☑의제매입세액 공제신고서	■매출처별 계산서 합계표	☐선박에 의한 운송용역 공급가액 일람표
☑기타매출분	☐평창동계올림픽 관련 사업자에 대한 의제매입세액 공제신고서	■매입처별 계산서 합계표	☐공급가액 확정명세서
■예정신고누락분	☐2019 광주 세계수영 선수권대회 의제매입세액 공제신고서	☐사업장별 과세표준 및 납부세액 신고명세서	☐외항 선박 등에 제공한 재화용역 일람표
☑과세표준명세	☑재활용폐자원 및 중고 자동차 매입세액 공제신고서	☐사업자단위과세 과세표준 및 납부세액 신고명세서	☐재화용역 공급기록표
☑면세수입금액	■과세사업전환 감가상각 자산 신고서		☐외국인 물품판매, 외교관 면세판매 기록표
	■대손세액 변제신고서		☐외화획득명세서
	☑공제받지못할 매입세액 명세서		☐월별 판매액 합계표
	☐전자세금계산서 발급세액 공제신고서		☐외국인관광객 면세물품 판매 및 환급실적명세서
	■예정신고누락분		☐외국인관광객 즉시환급 물품 판매 실적명세서
	☑기타공제매입세액		
	☐공제받지 못할 매입세액 (대손처분 받은 세액)		
	☑그 밖의 경감 · 공제세액		
	☑신용카드 매출전표 등 발행공제 등		
	■스크랩등 매입세액 공제신고서		
	☐외국인 관광객에 대한 환급 세액		

경감 · 공제세액	예정고지 · 예정신고 미환급세액	기납부세액 및 가산세	
☐택시운송사업자경감세액	☑예정고지세액	☐사업양수자의 대리납부 기납부세액	
■현금영수증사업자세액공제	☐예정신고미환급세액	☐매입자납부특례기납부세액	
■전자신고공제세액		☐가산세	

이전 | 저장 후 다음이동

주의해야 할 항목으로 다음과 같은 것들이 있다.

① 면세수입금액

과세 · 면세 겸영업종의 경우 면세수입금액을 필수로 체크해야 한다. 예를 들어, 슈퍼마켓을 운영하면서 과일이나 육류 등 면세 물품을 판매한다면, 이런 품목들에 대해서 반드시 면세수입금액에 체크해야 한다.

② 매입자발행세금계산서 합계표

③ 공제받지 못할 매입세액 명세서

세금계산서를 받았지만 매입세액공제를 받지 못하는 것들, 예를 들어 비영업용소형승차를 구입하거나 임차한 금액 또는 거래처 사람들을 접대하면서 사용한 비용 등이 있다면 체크해야 한다. 이 밖에도 매입세액공제를 받지 못하는 매입액이 있다면 당연히 체크해야 한다.

④ 신용카드매출전표등 발행금액집계표

신용카드나 현금영수증 매출이 있는 경우에만 체크한다.

체크가 끝나면 다음과 같은 화면으로 넘어간다.

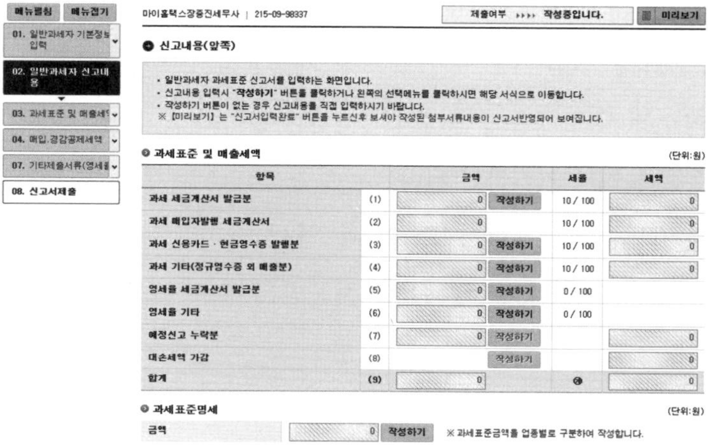

위 그림은 매출세액 입력화면이다. '과세 세금계산서발급분' '과세 신용카드 · 현금영수증 발행분' '과세 기타(정규영수증 외 매출분)' '영세율 세금계산서 발급분'과 '영세율 기타'등으로 나누어 입력하게 되 있는데 차례대로 꼼꼼하게 입력해야 한다.

① '과세 세금계산서 발급분'은 세금계산서를 교부하여 매출한 세액을 입력한다. 매출금액 중 세금계산서교부분이 있는 경우 '작성하기'를 클릭해 매출처별세금계산서합계표를 작성하면 된다. 작성 후 현재 화면으로 돌아오면 입력한 금액이 금액란과 세액란에 자동 표시되는데, 세액은 수정 가능하다.

여기서, 매출처별세금계산서합계표를 작성할 때는 예정신고 시 누락한 세금계산서가 있는 경우 포함하여 입력해야 한다.

② '과세 신용카드 · 현금영수증 발행분'은 세금계산서 발급분을 제외한 신용카드와 현금영수증 매출액을 입력하는 것이다. 우측에

'작성하기' 버튼을 눌러서 세부내용을 입력하면 된다.

③ '과세 기타(정규영수증 외 매출분)'은 세금계산서 또는 신용카드, 현금영수증 외의 매출에 대하여 신고하는 것이다. 우측에 '작성하기' 버튼을 눌러서 입력하면 된다.

④ '영세율 세금계산서 발급분'과 '영세율 기타'분은 재화나 용역을 수출하는 경우 영세율을 적용받은 경우 '작성하기' 버튼을 눌러 작성하면 된다.

모두 입력한 후, 틀린 것이 없는지 꼼꼼히 확인했으면 다음 단계로 넘어가보자. '다음'을 클릭하면 매출처별세금계산서합계표를 입력하는 화면으로 이동한다.

① 전자세금계산서는 우측 상단에 있는 '전자세금계산서 자료조회'를 클릭하여 조회한 후 입력한다.

② 종이세금계산서 발급분은 매출한 사업자 1개 단위로 입력하면

된다. 그러므로 1기 확정신고기간(1~6월)이라고 하면 해당 거래처에 모두 몇 건의 세금계산서 발행하였고 공급가액의 합계금액이 얼마인지를 입력하면 된다. 예를 들어 위에 사업자등록번호를 입력하는 곳에 상대방에 사업자번호를 입력하면 자동으로 상호가 조회된다. 그다음 세금계산서 매수를 '매수' 옆에 네모박스에 숫자로 입력하면 된다. 공급가액의 합계액은 '공급가액' 옆에 네모박스에 입력하면 된다. 그런 다음 '입력내용추가'를 클릭하면 입력이 완료된다. 다른 거래처도 같은 방식으로 입력하면 된다.

이때, 세금계산서 입력 시 반드시 과세구분에서 과세분과 영세율분 및 매입자발행분을 구분하여 입력해야 한다. 전자세금계산서 발급분도 동일하게 구분하여 입력해야 함은 물론이다.

사업자가 아닌 일반인에게 세금계산서를 발행한 경우(주민등록번호 발행분)에는 사업자등록번호 발급분처럼 상세히 입력하면 안 된다. 주민등록번호 발행분 합계란에만 주민등록번호로 발행한 세금계산서를 거래상대방 구분 없이 전부 합산하여 입력하면 된다.

여기까지 입력하고 '입력완료'를 클릭하면 이전의 매출세액입력화면(169쪽)으로 되돌아간다. 이번에는 신용카드매출전표나 현금영수증 발급분에 대한 매출을 입력할 차례다. '과세 신용카드 · 현금영수증 발행분' 옆에 '작성하기(169쪽)' 버튼을 클릭하면 아래와 같은 화면이 나타난다. 신용카드와 현금영수증 매출분은 '신용카드 매출금액 등 발행금액집계표'를 클릭해서 입력하면 된다. 세금계산서 또는 신용카드, 현금영수증 발행분 외의 현금매출은 '(4)기타(정규영수증 외 매출분) 금액' 오른쪽 네모박스에 공급가액과 세액을 각각 입력하면 된다.

여기에는 세금계산서 발급분 외의 매출 중에서 신용 · 직불 · 기명식선불카드 매출분과 현금영수증 매출분을 입력하는 것이다. 아래에 '발행내역조회'를 클릭하면 신용카드 매출과 현금영수증 매출액을 조회할 수 있고 조회한 금액을 토대로 중앙의 네모박스에 각각 금액을 입력하면 된다. 만약 과세매출이라면 '과세매출분' 옆

네모박스에 신용카드와 현금영수증 매출액을 구분해서 입력하면 된다. 주의할 것은 공급가액과 세액을 합친 금액인 공급대가를 숫자로 입력해야 한다는 점이다. 예를 들어 아래에 신용카드 과세매출분에 50,000,000원(공급대가)를 입력했는데, 이는 공급가액(45,454,545원)과 세액(4,545,455원)을 합친 금액이다. 현금영수증도 마찬가지다. 또한 '발행내역조회'에서 신용카드 매출액은 일반적으로 업체 소유의 신용카드단말기(포스) 매출액만 조회될 뿐 결제대행업체나 오픈마켓에서 판매한 금액은 조회되지 않는다. 그러므로 이러한 매출은 별도로 결제대행업체와 오픈마켓에서 조회한 다음에 기존 카드매출에 더해서 입력해야 한다.

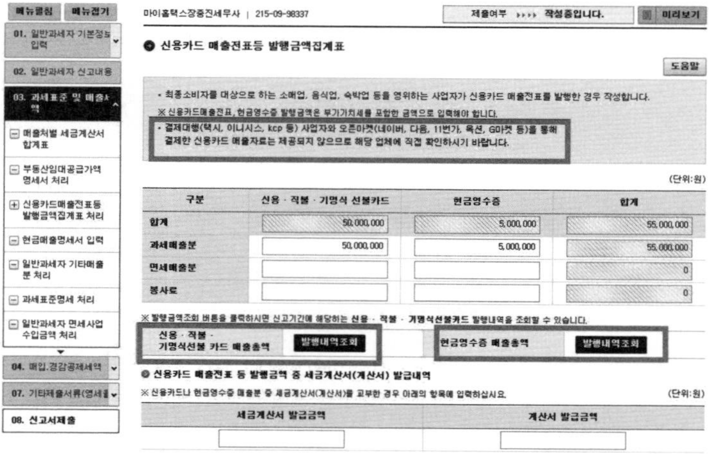

여기까지 입력을 마치면 다음과 같이 과세표준명세서 내역 입력 화면이 나타난다.

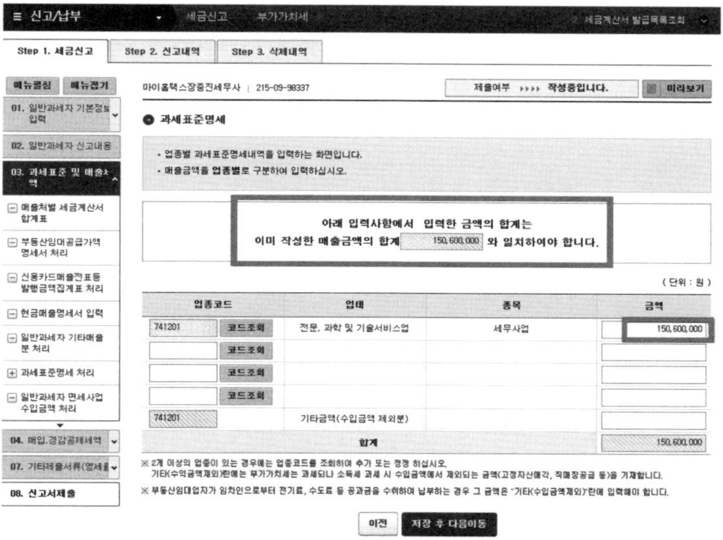

매출세액입력 화면에서 입력한 매출금액과 일치해야 하고, 2개 이상의 업종을 영위하는 경우 모두 입력해야 한다. 첫째 줄에 표시된 주업종의 매출금액이 없는 경우에는 주업종에 대한 금액을 0으로 입력해야 한다. 업종코드는 '코드조회'로 업종을 조회하여 변경할 수 있다.

또한, 의제매입세액공제 대상 사업자(음식업, 제조업)인 경우, 반드시 과세표준명세에 의제매입공제 대상 업종을 입력하여야 의제매입세액공제신고서를 작성할 수 있다.

과세표준명세를 입력한 후 '저장 후 다음이동'을 클릭하면 매출세액입력 화면(169쪽)으로 되돌아간다. 이제는 그중 면세수입금액을 입력할 차례다. 하단의 '면세수입금액'을 클릭하면 다음과 같은 화면으로 넘어간다.

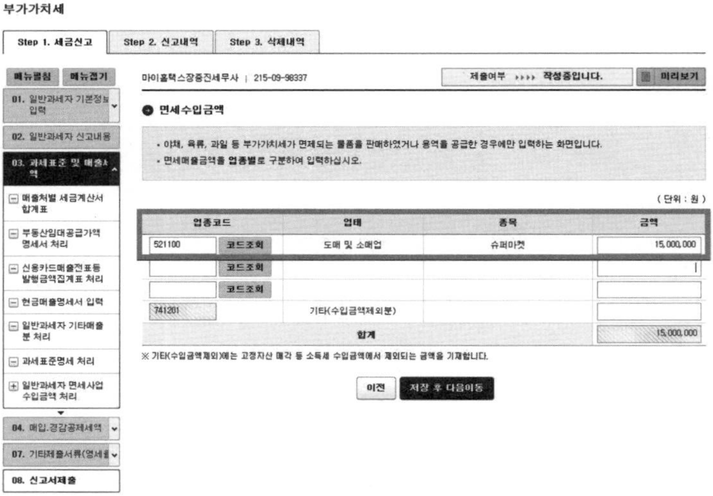

여기서 면세수입금액을 업태, 종목별로 입력한 후 '입력완료'를 클릭하면 다시 매출세액입력 화면(169쪽)으로 되돌아간다.

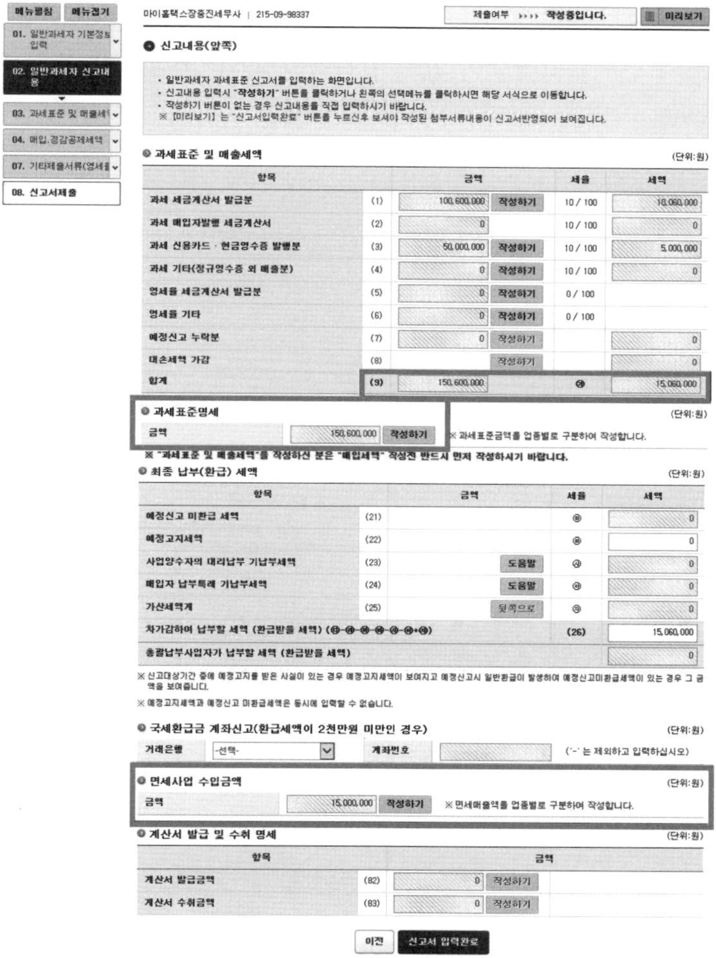

메뉴펼침 메뉴접기

01. 일반과세자 기본정보 입력
02. 일반과세자 신고내용
03. 과세표준 및 매출세액
04. 매입, 경감공제세액
07. 기타제출서류(영세율
08. 신고서제출

마이홈택스장중진세무사 | 215-09-98337 제출여부 ›››› 작성중입니다. 미리보기

● 신고내용(앞쪽)

- 일반과세자 과세표준 신고서를 입력하는 화면입니다.
- 신고내용 입력시 "작성하기" 버튼을 클릭하거나 왼쪽의 선택메뉴를 클릭하시면 해당 서식으로 이동합니다.
- 작성하기 버튼이 없는 경우 신고내용을 직접 입력하시기 바랍니다.

※ [미리보기] 는 "신고서입력완료" 버튼을 누르신후 보셔야 작성된 첨부서류내용이 신고서반영되어 보여집니다.

◎ 과세표준 및 매출세액 (단위:원)

항목		금액		세율	세액
과세 세금계산서 발급분	(1)	100,600,000	작성하기	10 / 100	10,060,000
과세 매입자발행 세금계산서	(2)	0		10 / 100	0
과세 신용카드 · 현금영수증 발행분	(3)	50,000,000	작성하기	10 / 100	5,000,000
과세 기타(정규영수증 외 매출분)	(4)	0	작성하기	10 / 100	0
영세율 세금계산서 발급분	(5)	0	작성하기	0 / 100	
영세율 기타	(6)	0	작성하기	0 / 100	
예정신고 누락분	(7)	0	작성하기		0
대손세액 가감	(8)		작성하기		0
합계	(9)	150,600,000		㉮	15,060,000

◎ 과세표준명세 (단위:원)

금액	150,600,000	작성하기

※ 과세표준금액을 업종별로 구분하여 작성합니다.

※ "과세표준 및 매출세액"을 작성하신 분은 "매입세액" 작성전 반드시 먼저 작성하시기 바랍니다.

◎ 최종 납부(환급) 세액 (단위:원)

항목		금액	세율	세액
예정신고 미환급 세액	(21)		㉳	0
예정고지세액	(22)		㉴	0
사업양수자의 대리납부 기납부세액	(23)	도움말	㉵	0
매입자 납부특례 기납부세액	(24)	도움말	㉶	0
가산세액계	(25)	뒷쪽으로	㉷	0
차가감하여 납부할 세액 (환급받을 세액) (㉮-㉯-㉳-㉴-㉵-㉶+㉷)			(26)	15,060,000
총괄납부사업자가 납부할 세액 (환급받을 세액)				0

※ 신고대상기간 중에 예정고지를 받은 사실이 있는 경우 예정고지세액이 보여지고 예정신고시 일반환급이 발생하여 예정신고미환급세액이 있는 경우 그 금액을 보여줍니다.

※ 예정고지세액과 예정신고 미환급세액은 동시에 입력할 수 없습니다.

◎ 국세환급금 계좌신고(환급세액이 2천만원 미만인 경우) (단위:원)

거래은행 -선택- 계좌번호 ('-' 는 제외하고 입력하십시오)

◎ 면세사업 수입금액 (단위:원)

금액	15,000,000	작성하기

※ 면세매출액을 업종별로 구분하여 작성합니다.

◎ 계산서 발급 및 수취 명세 (단위:원)

항목		금액	
계산서 발급금액	(82)	0	작성하기
계산서 수취금액	(83)	0	작성하기

이전 신고서 입력완료

여기서 세금계산서 발급분과 신용카드 매출, 현금영수증 매출 등을 위에 입력하면 매출세액합계란에 나타나는 금액과 과세표준 명세란의 금액이 일치해야 한다. 만약 맞지 않는다면 빠뜨린 것이 있거나 액수를 잘못 입력하지는 않았는지 다시 한 번 차례대로 살펴봐야 한다.

만약 면세수입금액이 있어 입력했다면 위 그림과 같이 금액이 입력되어 나타난다.

과세표준 및 매출세액 입력이 끝났으면 화면 아래에서 매입세액을 입력할 수 있다.

세금신고 부가가치세 2 세금계산서 발급목록조회

금액	150,600,000 작성하기	※ 과세표준금액을 업종별로 구분하여 작성합니다.

※ "과세표준 및 매출세액"을 작성하신 분은 "매입세액" 작성전 반드시 먼저 작성하시기 바랍니다.

◎ 매입세액 (단위:원)

항목		금액		세율	세액
세금계산서수취분 일반매입	(10)	0	작성하기		0
세금계산서수취분 수출기업 수입 납부유예	(10-1)		작성하기		0
세금계산서수취분 고정자산 매입	(11)	0	작성하기		0
예정신고 누락분	(12)	0	작성하기		0
매입자발행 세금계산서	(13)	0	작성하기		0
그 밖의 공제매입세액	(14)	0	작성하기		0
합계 (10)-(10-1)+(11)+(12)+(13)+(14)	(15)	0			0
공제받지 못할 매입세액	(16)	0	작성하기		0
차감계 (15) - (16)	(17)	0		㉯	0

납부(환급)세액 (매출세액 ㉮ - 매입세액 ㉯)	㉰	15,060,000

◎ 경감 · 공제세액 (단위:원)

항목		금액		세율	세액
그 밖의 경감 · 공제세액	(18)		작성하기		0
신용카드매출전표등 발행공제 등	(19)	55,000,000	작성하기		0
합계	(20)			㉱	0

※ 전자신고세액공제는 그밖의 경감 · 공제세액 작성하기를 선택하여 작성하시기 바랍니다.

◎ 최종 납부(환급) 세액 (단위:원)

항목		금액	세율	세액
예정신고 미환급 세액	(21)		㉲	0
예정고지세액	(22)		㉳	0

매입세액에서는 주로 '세금계산서 수취분 일반매입' '세금계산서수취분 고정자산 매입' '그 밖의 공제매입세액' '공제받지 못할 매입세액'을 작성하면 된다. 차례대로 입력해보자.

'세금계산서 수취분 일반매입'은 거래 상대방으로부터 받은 세금계산서를 입력하는 곳이다. '작성하기' 버튼을 클릭하면 178쪽과 같은 '매입처별 세금계산서 합계표' 화면으로 이동한다.

180쪽의 그림은 거래 상대방으로부터 교부받은 세금계산서를 각 매입처별로 합계하여 작성하는 곳이다.

매입을 하면서 전자세금계산서를 받은 것은 오른쪽 상단에 '전자세금계산서 자료조회'를 클릭하여 조회한 후 입력한다. 예를 들어 1기(1~6월) 동안 전체 받은 전자세금계산서를 매입처수와 매수와 공급가액과 세액을 입력하면 된다. 종이(수기)세금계산서 매입분은 중앙에 위치한 '사업자등록번호'란 옆에 사업자번호 10자리를 입력한 후 '확인' 버튼을 누르면 자동으로 오른쪽에 상호가 나온다. 예를 들어 1기 과세기간 중에 파크라는 업체에서 2건의 세금계산서를 합쳐서 공급가액 2,000,000원과 세액 200,000원을 받았다면 위와 같이 입력하고 아래에 '입력내용추가' 버튼을 누르면 된다.

그러면 사진과 같이 해당업체의 사업자번호와 상호와 매수와 공급가액과 세액이 표시된다. 다른 업체에서 받은 것도 같은 방식으

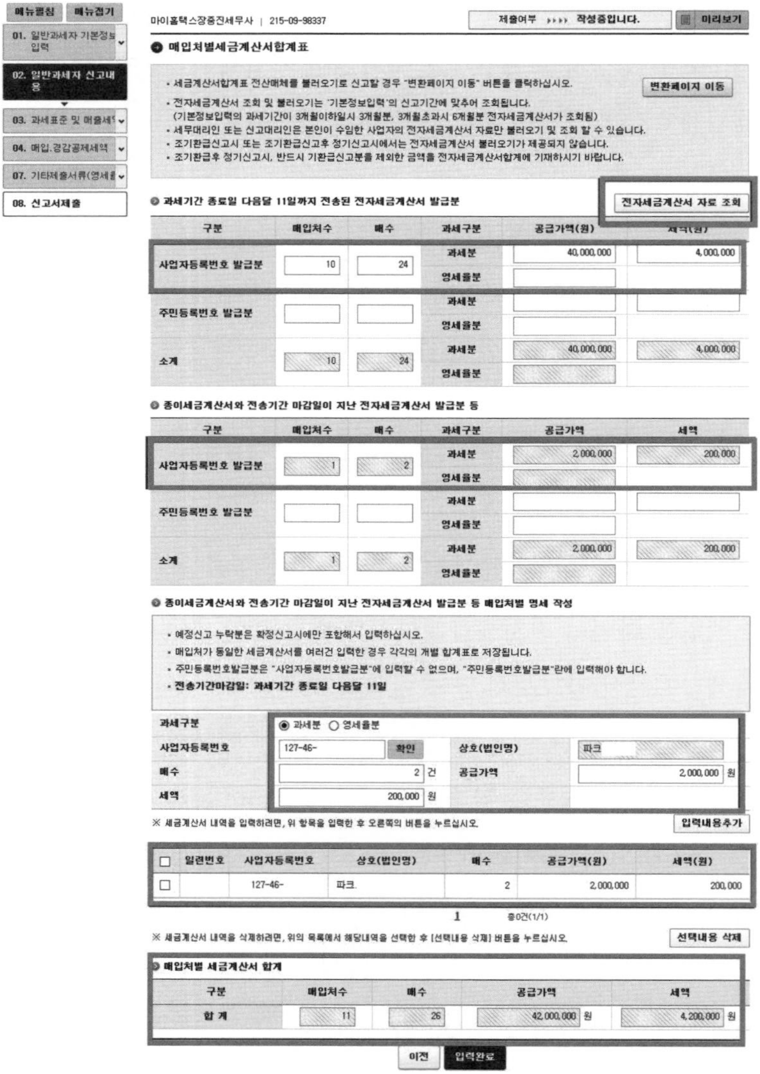

메뉴펼침 메뉴접기

01. 일반과세자 기본정보 입력

02. 일반과세자 신고내용

03. 과세표준 및 매출세액

04. 매입.경감공제세액

07. 기타제출서류(영세율

08. 신고서제출

마이홈택스장중진세무사 | 215-09-98337

제출여부 ▸▸▸▸ 작성중입니다. 미리보기

매입처별세금계산서합계표

- 세금계산서합계표 전산매체를 불러오기로 신고할 경우 "변환페이지 이동" 버튼을 클릭하십시오. 변환페이지 이동
- 전자세금계산서 조회 및 불러오기는 '기본정보입력'의 신고기간에 맞추어 조회됩니다.
  (기본정보입력의 과세기간이 3개월이하일시 3개월분, 3개월초과시 6개월분 전자세금계산서가 조회됨)
- 세무대리인 또는 신고대리인은 본인이 수임한 사업자의 전자세금계산서 자료만 불러오기 및 조회 할 수 있습니다.
- 조기환급신고시 또는 조기환급신고후 정기신고시에서는 전자세금계산서 불러오기가 제공되지 않습니다.
- 조기환급후 정기신고시, 반드시 기환급신고분을 제외한 금액을 전자세금계산서합계에 기재하시기 바랍니다.

과세기간 종료일 다음달 11일까지 전송된 전자세금계산서 발급분 전자세금계산서 자료 조회

구분	매입처수	매수	과세구분	공급가액(원)	세액(원)
사업자등록번호 발급분	10	24	과세분	40,000,000	4,000,000
			영세율분		
주민등록번호 발급분			과세분		
			영세율분		
소계	10	24	과세분	40,000,000	4,000,000
			영세율분		

종이세금계산서와 전송기간 마감일이 지난 전자세금계산서 발급분 등

구분	매입처수	매수	과세구분	공급가액	세액
사업자등록번호 발급분	1	2	과세분	2,000,000	200,000
			영세율분		
주민등록번호 발급분			과세분		
			영세율분		
소계	1	2	과세분	2,000,000	200,000
			영세율분		

종이세금계산서와 전송기간 마감일이 지난 전자세금계산서 발급분 등 매입처별 명세 작성

- 예정신고 누락분은 확정신고시에만 포함해서 입력하십시오.
- 매입처가 동일한 세금계산서를 여러건 입력한 경우 각각의 개별 합계표로 저장됩니다.
- 주민등록번호발급분은 "사업자등록번호발급분"에 입력할 수 없으며, "주민등록번호발급분"란에 입력해야 합니다.
- **전송기간마감일: 과세기간 종료일 다음달 11일**

과세구분	◉ 과세분 ○ 영세율분		
사업자등록번호	127-46- 확인	상호(법인명)	파크
매수	2 건	공급가액	2,000,000 원
세액	200,000 원		

※ 세금계산서 내역을 입력하려면, 위 항목을 입력한 후 오른쪽의 버튼을 누르십시오. 입력내용추가

□	일련번호	사업자등록번호	상호(법인명)	매수	공급가액(원)	세액(원)
□		127-46-	파크.	2	2,000,000	200,000

1 총0건(1/1)

※ 세금계산서 내역을 삭제하려면, 위의 목록에서 해당내역을 선택한 후 [선택내용 삭제] 버튼을 누르십시오. 선택내용 삭제

매입처별 세금계산서 합계

구분	매입처수	매수	공급가액	세액
합 계	11	26	42,000,000 원	4,200,000 원

이전 입력완료

로 '입력내용추가'를 하면 된다. 맨 하단에는 전자와 종이세금계산서 전체의 매입처수, 매수 공급가액과 세액이 위와 같이 표시되고 입력이 끝난 후 '입력완료' 버튼을 누르면 이전화면(178쪽)으로 되돌아간다. 세금계산서 매입분 중 고정자산이 있는 경우 '세금계산서수취분 고정자산매입'(178쪽)을 클릭하면 다음과 같은 화면이 나타난다.

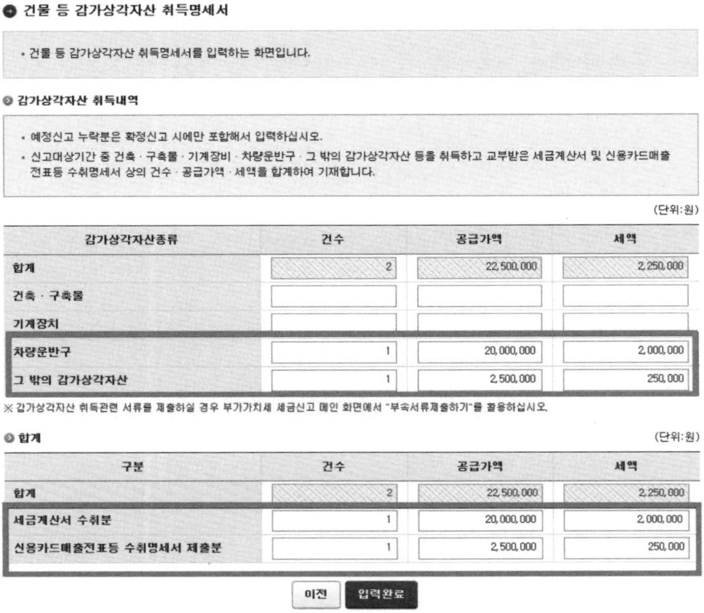

건물 등 감가상각자산 취득명세서

• 건물 등 감가상각자산 취득명세서를 입력하는 화면입니다.

감가상각자산 취득내역

• 예정신고 누락분은 확정신고 시에만 포함해서 입력하십시오.
• 신고대상기간 중 건축 · 구축물 · 기계장비 · 차량운반구 · 그 밖의 감가상각자산 등을 취득하고 교부받은 세금계산서 및 신용카드매출전표등 수취명세서 상의 건수 · 공급가액 · 세액을 합계하여 기재합니다.

(단위:원)

감가상각자산종류	건수	공급가액	세액
합계	2	22,500,000	2,250,000
건축 · 구축물			
기계장치			
차량운반구	1	20,000,000	2,000,000
그 밖의 감가상각자산	1	2,500,000	250,000

※ 감가상각자산 취득관련 서류를 제출하실 경우 부가가치세 세금신고 메인 화면에서 "부속서류제출하기"를 활용하십시오.

합계 (단위:원)

구분	건수	공급가액	세액
합계	2	22,500,000	2,250,000
세금계산서 수취분	1	20,000,000	2,000,000
신용카드매출전표등 수취명세서 제출분	1	2,500,000	250,000

이전 입력완료

감가상각자산은 자산의 종류별로 나눠서 건물 · 구축물, 기계장치, 차량운반구, 그 밖의 감가상각자산으로 나눠서 입력하면 된다. 세금계산서 수취분과 신용카드매출전표 등 수취명세서 제출분으로 나눠서 각각 기재하면 된다. 신용카드와 현금영수증을 받고 매입한 것은 '그 밖의 공제매입세액(178쪽)'을 선택하면 입력할 수 있다.

● 신용카드 매출전표등 수령명세서

도움말

- 전산매체 제출용으로 생성한 신용카드매출전표등 수령명세서를 불러오기로 신고할 경우 "변환페이지 이동" 버튼을 클릭하면 됩니다.

변환페이지 이동

- 예정신고 누락분은 확정신고시에만 포함해서 입력하십시오.
- **현금영수증, 화물운전자 복지카드, 사업용 신용카드 매입자료는 화면하단의 현금영수증, 화물운전자 복지카드, 사업신용자카드 합계란에만 입력하여야 합니다.**
- **법인카드는 사업용신용카드이므로, 사업용신용카드란에 거래건수, 공급가액, 세액만 작성하시면 됩니다. (명세 제출 불필요)**
- 미리보기는 500건만 제공됩니다.
- **정기신고분 재제출, 수정신고, 경정청구시 가맹점(공급자)과의 거래내역이 2,000건을 초과하는 경우에는(파일 제출건은 200건 미만) 이미 제출된 내역을 제공할 수 없으므로 화면에서 작성 또는 파일로 제출하여야 합니다.**

◎ 가맹점 정보

카드회원번호	●●●●●●●●●●●●●●	※ *,- 없이 입력하십시오.	
공급자(가맹점)사업자등록번호	215-09-	거래건수	5 건
공급가액	1,000,000 원	세액	100,000 원

※ 거래내역을 추가하려면, 위 항목을 입력한 후 오른쪽의 버튼을 누르십시오. 입력내용추가

◎ 가맹점(공급자)과의 거래내역 (단위:원)

☐	일련번호	카드회원번호	공급자(가맹점)사업자등록번호	거래건수	공급가액	세액
☐	1	4048-****-****-	215-09-	5	1,000,000	100,000

1 총0건(1/1)

※ 거래사항기재내용을 삭제하려면, 위의 목록에서 해당내역을 선택한 후 오른쪽의 버튼을 누르십시오. 선택내용삭제

◎ 합계 (단위:원)

구분		거래건수	공급가액	세액
합계		231	13,500,000	1,350,000
현금영수증	조회하기	78	5,000,000	500,000
화물운전자복지카드	조회하기			
사업용신용카드	조회하기	148	7,500,000	750,000
기타 신용카드		5	1,000,000	100,000

※ **위 합계 금액중** 면세분매입금액, 면세사용금액이 있는 경우 아래 입력란에 입력하시기바랍니다. (단위:원)

구분	공급가액	세액
면세분 일반매입		
면세분 고정자산매입		
공통매입세액 중 면세사용금액 일반매입		
공통매입세액 중 면세사용금액 고정자산매입		

이전 입력완료

신용카드매출전표 등 수령명세서 화면은 크게 '현금영수증' '화물운전자복지카드' '사업용신용카드'로 구분된다. 여기에 해당하는 매입은 각 항목에 '조회하기' 버튼을 눌러 조회해서 입력하면 된

다. '기타 신용카드'란 사업용신용카드로 등록되지 않은 카드로 매입한 것을 입력하는 것이다. 상단에 매입에 사용한 카드번호, 공급자사업자등록번호와 건수 공급가액 세액을 차례로 입력하고 '입력내용추가'를 클릭하면 된다.

의제매입세액공제신고서

도움말

- 부가가치세가 면세된 농산물, 축산물, 수산물 또는 임산물(이하 면세농산물)을 공급받아 이를 과세대상 재화의 제조·가공에 사용하고 의제매입세액을 공제받으려고 할 경우, 매입가액란에는 면세농산물 등의 가액을 입력합니다.
- 예정신고누락분은 확정신고시에만 포함하여 입력하십시오.

농 · 어민등으로부터 매입분에 대한 명세

* 공급자 성명	최	* 주민등록번호	●●●●●●●●	조회
* 건수	1	* 품명	배추	
* 수량	1,000	* 매입가액	1,000,000 원	

※ 신고내역을 추가하려면, 위 항목을 입력한 후 오른쪽의 버튼을 누르십시오. 입력내용추가

농 · 어민등으로부터 매입분에 대한 명세 (단위:원)

☐	일련번호	성명	주민등록번호	건수	품명	수량	매입가액
☐	1	최	5610	5	배추	1,000	1,000,000

※ 거래사항기재내용을 삭제하려면, 위의 목록에서 해당내역을 선택한 후 오른쪽의 버튼을 누르십시오. 선택내용삭제

면세농수산물등 매입가액 합계 (단위:원)

구분	* 매입처수	* 건수	* 매입가액	* 공제율	* 의제매입세액
사업자로부터 매입분 계산서 조회하기	5	5	10,000,000	☐ 2/102 ☐ 4/104 6/106 ☐ 8/108 ☑ 9/109	825,688
사업자로부터 매입분 신용카드 등				☐ 2/102 ☐ 4/104 6/106 ☐ 8/108 ☐ 9/109	
농 · 어민등으로부터 매입분	1	5	1,000,000	☐ 2/102 ☐ 4/104 6/106 8/108 9/109	
합계	6	10	11,000,000		825,688

※ 업종에 따라 미리 지정된 공제율이 나타납니다.

이전 입력완료

의제매입세액공제 중 농어민으로부터 매입한 부분에 대해서는 농어민의 주민등록번호를 입력하면 자동으로 공급자성명이 나온다. 그런 다음 건수, 품명, 수량 그리고 매입가액을 각각 입력하고 아

래에 '입력내용추가' 버튼을 누르면 아래에 '농어민등으로부터 매입분에 대한 명세'에 표시가 된다. 단, 농어민으로터 직접 매입한 부분은 제조업자만 입력이 가능하다. 다음으로 사업자로부터 매입한 부분은 '사업자로부터 매입분 계산서' 옆에 '조회하기' 버튼을 누르면 전자계산서가 조회된다. 종이(수기)로 받은 부분을 더해서 매입처수와 건수 매입가액을 차례로 입력하면 된다. 공제율은 136쪽을 참조해서 정하면 된다.

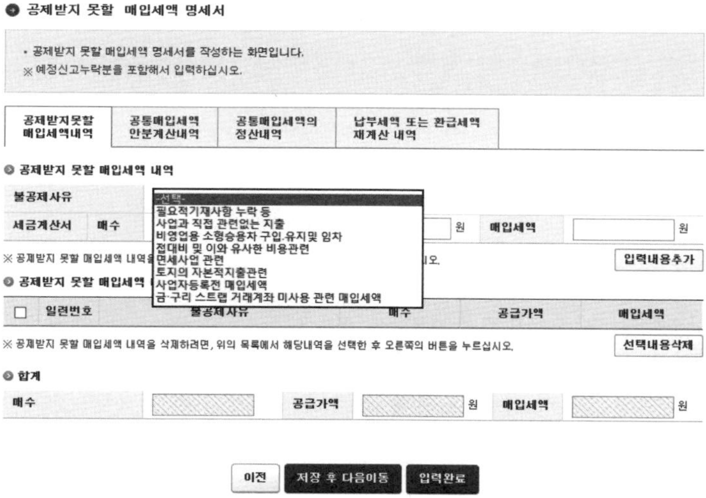

이번에는 매입분 중에서 '공제받지 못할 매입세액명세서'를 작성해야 한다. 세금계산서를 받았지만 공제를 받지 못하는 항목 중에서 선택하여 입력하면 된다. 예를 들어 비영업용소형승용차(8인

이하 승용차, 경차 제외)를 구입한 경우 부가가치세가 불공제된다. 여기에 매수와 공급가액, 매입세액을 입력한 후 '입력내용추가'를 누르면 된다. 모두 입력이 끝났으면 '입력완료' 버튼을 클릭한다.

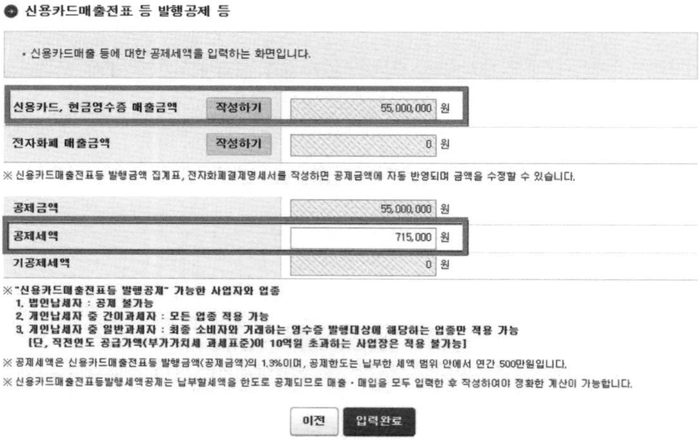

이번에는 신용카드매출전표 등 발행공제를 입력하는 곳이다. 신용카드나 현금영수증으로 결제를 받은 경우 공급대가(공급가액과 세액 포함)의 1.3%를 추가로 공제해 준다. 위의 '신용카드, 현금영수증 매출금액'은 174쪽의 '신용카드매출전표 등 발행금액집계표'를 입력하면 자동으로 채워져 나온다. 그러므로 공제세액이 1.3%가 맞는지 금액을 확인한 후 맞으면 '입력완료' 버튼을 누르면 된다. 모든 입력이 끝나면 오른쪽 사진과 같이 전체적으로 매출세액과 매입세액 납부할 세액이 조회가 된다.

신고내용(앞쪽)

- 일반과세자 과세표준 신고서를 입력하는 화면입니다.
- 신고내용 입력시 "**작성하기**" 버튼을 클릭하거나 왼쪽의 선택메뉴를 클릭하시면 해당 서식으로 이동합니다.
- 작성하기 버튼이 없는 경우 신고내용을 직접 입력하시기 바랍니다.

※ 【미리보기】는 "신고서입력완료" 버튼을 누르신후 보셔야 작성된 첨부서류내용이 신고서반영되어 보여집니다.

과세표준 및 매출세액

(단위:원)

항목		금액		세율	세액
과세 세금계산서 발급분	(1)	100,600,000	작성하기	10 / 100	10,060,000
과세 매입자발행 세금계산서	(2)	0		10 / 100	0
과세 신용카드 · 현금영수증 발행분	(3)	50,000,000	작성하기	10 / 100	5,000,000
과세 기타(정규영수증 외 매출분)	(4)	0	작성하기	10 / 100	0
영세율 세금계산서 발급분	(5)	0	작성하기	0 / 100	
영세율 기타	(6)	0	작성하기	0 / 100	
예정신고 누락분	(7)	0	작성하기		0
대손세액 가감	(8)		작성하기		0
합계	**(9)**	150,600,000		㉮	15,060,000

과세표준명세

(단위:원)

금액	150,600,000	작성하기	※ 과세표준금액을 업종별로 구분하여 작성합니다.

※ "과세표준 및 매출세액"을 작성하신 분은 "매입세액" 작성전 반드시 먼저 작성하시기 바랍니다.

매입세액

(단위:원)

항목		금액		세율	세액
세금계산서수취분 일반매입	(10)	22,000,000	작성하기		2,200,000
세금계산서수취분 수출기업 수입 납부유예	(10-1)		작성하기		0
세금계산서수취분 고정자산 매입	(11)	20,000,000	작성하기		2,000,000
예정신고 누락분	(12)	0	작성하기		0
매입자발행 세금계산서	(13)	0	작성하기		0
그 밖의 공제매입세액	(14)	24,500,000	작성하기		2,214,149
합계 (10)-(10-1)+(11)+(12)+(13)+(14)	**(15)**	66,500,000			6,414,149
공제받지 못할 매입세액	(16)	0	작성하기		0
차감계 (15) - (16)	**(17)**	66,500,000		㉯	6,414,149
납부(환급)세액 (매출세액 ㉮ - 매입세액 ㉯)				㉰	8,645,851

경감 · 공제세액

(단위:원)

항목		금액		세율	세액
그 밖의 경감 · 공제세액	(18)		작성하기		0
신용카드매출전표등 발행공제 등	(19)	55,000,000	작성하기		715,000
합계	**(20)**			㉱	715,000

※ 전자신고세액공제는 그밖의 경감 · 공제세액 작성하기를 선택하여 작성하시기 바랍니다.

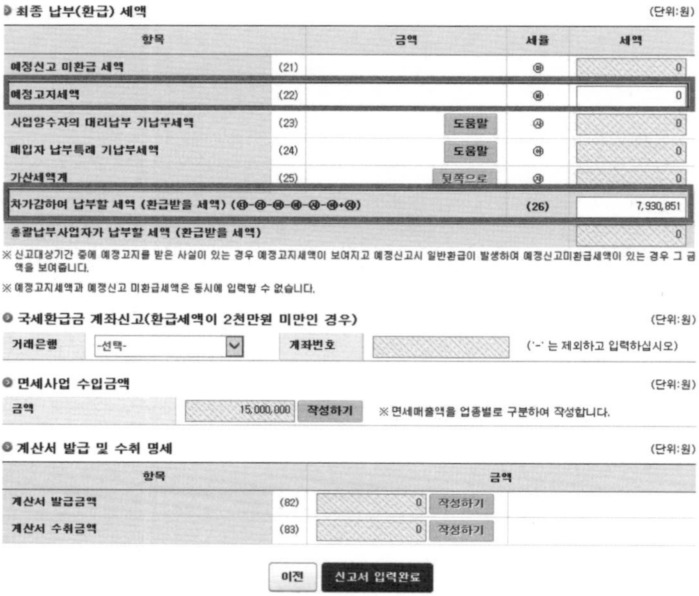

모든 입력이 끝나면 위와 같이 매출세액과 매입세액을 차가감하여 납부할 세액이 모두 표시된다. 여기서 주의할 점은 만약 4월 또는 10월에 부가세 예정고지를 납부하였다면 중간에 '예정고지세액'을 직접 입력해야 한다는 것이다.

'차가감납부할세액(환급받을 세액)'에는 납부할 세액이 있으면 양수(+)로, 환급받을 세액이 있다면 음수(-)로 표시된다.

만약 환급받을 세액이 있다면 화면 하단의 국세환급금계좌신고란에 은행과 계좌번호를 입력한다.

전체적으로 금액이 맞는지 확인한 후에 '신고서 입력완료' 버튼을 누르면 신고서에 대한 검증작업이 자동으로 이뤄진다. 그리고 검토 결과 이상이 없다면 마지막으로 신고서를 제출하여 부가세 신고를 완료하면 된다.

신고서는 제출 전에 인쇄할 수 있으므로 가능한 전체를 인쇄해서 매출과 매입 등이 누락되지 않았는지 한 번 더 검토한 후에 신고서를 제출하는 것이 바람직하다.

간이과세자 신고 방법은 국세청 홈택스에 상세히 나와 있으니, 참고하여 신고하면 된다.

08
/
부가가치세 신고서 작성 방법

1. 신고서를 알아야 절세할 수 있다

내가 만난 사업자들은 해마다 두 번씩 골머리가 아프다고 한다. 부가가치세 확정신고 기간마다 머리가 아프다는 것이다. 왜 그렇게 머리가 아픈지는 물론 나도 잘 안다. 크게 세 가지 이유일 것이다. 첫째, 힘들게 번 돈을 세금으로 내야 한다는 생각에 속도 쓰리고 머리도 아픈 것이다.

그래서 조금이라도 세금을 줄일 방법을 찾아보지만, 세금에 대한 지식이 없는 상황에서는 자칫하면 절세가 아닌 탈세로 빠질 수 있다. 그러니 그 유혹에 흔들리면서도 과연 탈세를 할 것인지 말 것인지 고민하느라 머리가 아픈 것이 두 번째 이유다.

세 번째 이유는 단순하다. 부가가치세 신고서는 처음 보는 사람들은 보기만 해도 속이 울렁거릴 정도로 기입해야 할 것도 많고 복잡하다.

그래서인지 부가가치세 신고서 작성을 세무대행 업체나 세무사에게 맡겨두고 아예 손을 떼버리는 사업자가 꽤 많다. 물론 어떻게 작성해야 할지도 모르는데 끝까지 붙잡고 있을 필요는 없다. 오히려 실수로 더 많은 세금을 내게 되거나 가산세를 물게 될지도 모르니 말이다.

하지만 사업을 하려면, 나아가 사업으로 성공을 거두려면, 직접 작성을 하건 다른 사람에게 맡기건 사장이라면 모든 세금 신고서를 스스로 작성할 줄 알아야 한다. 여기에는 세 가지 이유가 있다.

첫째, 모르면 실수도 그냥 지나칠 수밖에 없다. 세무사도 사람이기에 실수를 할 수도 있고, 이로 인해 사업자가 피해를 볼 수도 있는데, 신고서를 보고 무엇이 잘못됐는지 모른다면 두 눈 멀쩡히 뜨고 세금이 새어 나가도록 내버려두게 된다.

둘째, 알아야 책임도 물을 수 있다. 세금을 더 내게 된 사실을 우연히 알았다 하더라도, 신고서를 볼 줄도 모른다면 따질 수도 없다. 오히려 책임을 회피하려는 세무사의 거짓말에 속아 넘어갈 가능성이 높다.

마지막으로, 신고서를 직접 작성해보면 절세하려는 욕구가 더 커진다. 가계부를 꼼꼼히 작성하면 쓸데없이 새는 돈을 줄일 수 있는 것과 마찬가지다. 작성법을 알게 되면 저절로 신고서를 꼼꼼히 살펴보게 되고, 어디서 세금이 새는지를 파악하게 되며, 자연히 절세 방법을 생각하게 된다.

그럼 지금부터 그 중요한 '부가가치세 신고서 작성법'을 알아보자.

2. 일반과세자 부가가치세 신고 완벽 가이드

부가가치세 신고 방법은 간이과세자와 일반과세자, 법인이 조금씩 차이가 있다. 하지만 기본적인 것들은 일맥상통하므로, 여기서는 가장 대표적이라 할 수 있는 일반과세자 부가가치세 신고서만을 예로 들겠다.

일반과세자의 부가가치세 신고서는 다음과 같이 두 장으로 구성되어 있다.

[별지 제21호서식] (2014. 3. 14. 개정)　　　　홈택스(www.hometax.go.kr)에서도 신청할수 있습니다.

일반과세자 부가가치세 [ ]예정 [V]확정 / [ ]기한후과세표준 / [ ]영세율 등 조기환급 신고서

(제1장 앞쪽)

관리번호					처리기간	즉시
□ 신고기간 2014 년 1기 (1 월 1 일 ~ 6 월 30일)						
사업자	상 호 (법인명)	국세상사	성 명 (대표자명)	김국세	사업자등록번호	101-01-xxxxx
사업자	주민(법인) 등록번호	100000 - xxxxxxx	전화번호	사업장 397-xxxx	주소지 324-xxxx	휴대전화 000-111-xxxx
사업자	사업장 주소	서울 종로구 종로2가 xxx			전자우편 주소	aaa@aaaa.aaa

❶ 신 고 내 용

구분				금액	세율	세액
과세표준 및 매출세액	과세	세금계산서발급분	(1)	115,000,000	10/100	11,500,000
		매입자발행세금계산서	(2)		10/100	
		신용카드 · 현금영수증발행분	(3)	20,000,000	10/100	2,000,000
		기타(정규영수증외매출분)	(4)	30,000,000		3,000,000
	영세율	세금계산서발급분	(5)	10,000,000	0/100	
		기타	(6)	20,000,000	0/100	
	예정신고누락분		(7)			
	대손세액가감		(8)			
	합계		(9)	195,000,000	㉮	16,500,000
매입세액	세금계산서 수취분	일반매입	(10)	120,000,000		12,000,000
		고정자산매입	(11)	10,000,000		1,000,000
	예정신고누락분		(12)			
	매입자발행세금계산서		(13)			
	기타공제매입세액		(14)	1,500,000		150,000
	합계 (10)+(11)+(12)+(13)+(14)		(15)	131,500,000		13,150,000
	공제받지못할매입세액		(16)	10,000,000		1,000,000
	차감계(15)-(16)		(17)	121,500,000	㉯	12,150,000
납부(환급)세액 (매출세액 ㉮ - 매입세액 ㉯)					㉰	4,350,000
경감·공제세액	기타경감 · 공제세액		(18)			10,000
	신용카드매출전표등발행공제등		(19)	22,000,000		286,000
	합계		(20)		㉱	296,000
예정신고미환급세액			(21)		㉲	
예정고지세액			(22)		㉳	2,000,000
금지금 매입자 납부특례 기납부세액			(23)		㉴	
가산세액계			(24)		㉵	
차가감하여 납부할 세액(환급받을 세액)(㉰-㉱-㉲-㉳-㉴+㉵)					(25)	2,054,000

총괄납부사업자가 납부할 세액(환급받을 세액)	

❷ 국세환급금계좌신고 (환급세액이 2천만원 미만인 경우)	거래은행	은행	지점	계좌번호		
❸ 폐업신고	폐업일		폐업사유			

❹ 과 세 표 준 명 세

업태	종목	생산요소	업종코드	금액
(27)도매	가전제품			145,000,000
(28)소매	가전제품			50,000,000
(29)				
(30)수입금액제외				
(31)합계				195,000,000

「부가가치세법」 제48조 · 제49조 또는 제59조와 「국세기본법」 제45조의3에 따라 위의 내용을 신고하며, **위 내용을 충분히 검토하였고 신고인이 알고 있는 사실 그대로를 정확하게 적었음을 확인합니다.**

2014 년 7 월 20 일

신고인: **김 국 세** (서명 또는 인)

세무대리인은 조세전문자격자로서 위 신고서를 성실하고 공정하게 작성하였음을 확인합니다.

세무대리인: (서명 또는 인)

종 로 세무서장 귀하

첨부서류	뒤쪽참조

세무대리인	성명		사업자등록번호		전화번호	

210mm×297mm[백상지 80g/㎡ (재활용품)]

(제2장 앞쪽)

※ 이 쪽은 해당 사항이 있는 사업자만 사용합니다.

사업자등록번호 | 1 | 0 | 1 | - | 0 | 1 | - | × | × | × | × | × | *사업자등록번호는 반드시 적으시기 바랍니다.

		구분			금액	세율	세액
예정신고 누락분 명세	(7)매출	과세	세금계산서	(32)		10/100	
			기타	(33)		10/100	
		영세율	세금계산서	(34)		0/100	
			기타	(35)		0/100	
		합계		(36)			
	(12)매입	세금계산서		(37)			
		그 밖의 공제매입세액		(38)			
		합계		(39)			

	구분			금액	세율	세액
(14) 그 밖의 공제 매입세액 명세	신용카드매출전표등수령 명세서 제출분	일반매입	(40)	1,500,000		150,000
		고정자산매입	(41)			
	의제매입세액		(42)		뒤쪽 참조	
	재활용폐자원등 매입세액		(43)		뒤쪽 참조	
	과세사업전환매입세액		(44)			
	재고매입세액		(45)			
	변제대손세액		(46)			
	외국인 관광객에 대한 환급세액		(47)			
	합계		(48)	1,500,000		150,000

	구분		금액	세율	세액
(16) 공제받지 못할 매입세액 명세	공제받지 못할 매입세액	(49)	10,000,000		1,000,000
	공통매입세액 면세사업등분	(50)			
	대손처분받은세액	(51)			
	합계	(52)	10,000,000		1,000,000

	구분		금액	세율	세액
(18) 그 밖의 경감·공제 세액 명세	전자신고세액공제	(53)			10,000
	전자세금계산서 발급세액 공제	(54)			
	택시운송사업자경감세액	(55)			
	현금영수증사업자세액공제	(56)			
	기타	(57)			
	합계	(58)			10,000

	구분			금액	세율	세액
(25) 가산세 명세	사업자미등록등		(59)		1/100	
	세금계산서	지연발급 등	(60)		1/100	
		지연수취	(61)		1/100	
		미발급 등	(62)		2/100	
	전자세금계산서 발급명세 전송	지연전송	(63)		뒤쪽참조	
		미전송	(64)		뒤쪽참조	
	세금계산서 합계표	제출 불성실	(65)		1/100	
		지연제출	(66)		5/1,000	
	신고 불성실	무신고(일반)	(67)		뒤쪽참조	
		무신고(부당)	(68)		뒤쪽참조	
		과소·초과환급신고(일반)	(69)		뒤쪽참조	
		과소·초과환급신고(부당)	(70)		뒤쪽참조	
	납부불성실		(71)		뒤쪽참조	
	영세율 과세표준신고 불성실		(72)		5/1,000	
	현금매출명세서 불성실		(73)		1/100	
	부동산임대공급가액명세서 불성실		(74)		1/100	
	매입자 납부특례	거래계좌 미사용	(75)		뒤쪽참조	
		거래계좌 지연입금	(76)		뒤쪽참조	
	합계		(77)			

		업태	종목	코드번호	금액
면세사업 수입금액	(78)				
	(79)				
	(80)	수입금액 제외			
				(81)합계	

계산서 발급 및 수취 명세	(82) 계산서 발급금액	
	(83) 계산서 수취금액	

위의 두 개가 일반과세자의 부가가치세 신고서 양식이다. 이제 세분화해서 살펴보자.

우선 제1장 중 과세표준 및 매출세액 부분과 제2장의 예정신고 누락분명세 부분만 떼놓고 보면 다음과 같다.

(1장 앞쪽)

❶ 신고 내용						
구분				금액	세율	세액
과세표준 및 매출세액	과세	세금계산서발급분	(1)	115,000,000	10/100	11,500,000
		매입자발행세금계산서	(2)		10/100	
		신용카드 · 현금영수증발행분	(3)	20,000,000	10/100	2,000,000
		기타(정규영수증외 매출분)	(4)	30,000,000		3,000,000
	영세율	세금계산서발급분	(5)	10,000,000	0/100	
		기타	(6)	20,000,000	0/100	
	예정신고누락분		(7)	0		0
	대손세액가감		(8)			
	합계		(9)	195,000,000	㉮	16,500,000

(2장앞쪽)

예정신고 누락분 작성요령

	구분			금액	세율	세액
(7) 예정신고누락분 명세	과세	세금계산서	(32)		10/100	
		기타	(33)		10/100	
	영세율	세금계산서	(34)		0/100	
		기타	(35)		0/100	
	합계		(36)	0		0

여기서 과세표준이란, 사업자가 공급한 재화나 용역의 합계액을 말한다. 과세분에서는 과세표준의 10%가 매출세액이 되고, 영세율분에서는 과세표준의 0%가 매출세액이 된다. '신고내용'에 괄호로 번호가 매겨진 항목들 중 (1)~(4)는 과세분이다.

각각의 기재요령은 다음과 같다.

※ 과세

(1) 세금계산서 발급분: 세금계산서를 발행한 분

(2) 매입자발행세금계산서: 매입자로부터 발급받은 매입자발행 세금계산서상 금액과 세액

(3) 신용카드 · 현금영수증 발행분: 신용카드매출전표와 현금영수증, 전자화폐수취분 등 발행분

(4) 기타매출: 세금계산서발급의무가 없는 영수증이나 현금매출분

※ 영세율

(5) 세금계산서 발급분: 영세율이 적용되는 사업실적 중 세금계산서를 발행한 분. 일반적으로 내국신용장이나 구매확인서 등으로 영세율 세금계산서를 발행한 분

(6) 기타: 세금계산서발급의무가 없는 분. 일반적인 수출분

※ 예정신고누락분

제1장의 앞부분 중 '(7) 예정신고누락분'은 제2장 앞쪽에 세분화되어 있다. 그러므로 제2장 앞쪽을 먼저 작성하고, 그 내용을 토대로 제1장의 예정신고누락분을 기입하면 된다.

(7) 예정신고누락분: 예정신고를 하면서 누락한 금액을 확정신고 때 포함해 신고할 경우 작성. 제2장 앞쪽 '(36)합계' 금액과 세

액을 적는다.

※ 대손세액가감

(8) 대손세액가감: 부가가치세가 과세되는 재화 또는 용역의 공급에 대한 외상매출금 등이 대손되었을 때, 대손세액을 공제받는 사업자가 기재하는 항목이다. 대손세액을 공제받는 경우 대손세액을 차감표시(△)하여 기재하고, 대손금액의 전부 또는 일부를 회수하여 회수금액에 관련된 대손세액을 납부하는 경우 당해 납부하는 세액을 기재한다.

0 신 고 내 용

구		분		금 액	세율	세 액
매입세액	세금계산서 수취분	일반매입	(10)	120,000,000		12,000,000
		고정자산매입	(11)	10,000,000		1,000,000
	예정신고누락분		(12)			
	매입자발행세금계산서		(13)			
	그 밖의 공제매입세액		(14)	1,500,000		150,000
	합 계 (10)+(11)+(12)+(13)+(14)		(15)	131,500,000		13,150,000
	공제받지못할매입세액		(16)	10,000,000		1,000,000
	차 감 계 (15)-(16)		(17)	121,500,000	㉯	12,150,000

(2장 앞쪽) **기타공제 매입세액, 공제받지 못할 매입세액 작성요령**

	구	분		금 액	세율	세 액
(14) 그 밖의 공제 매입세액 명세	신용카드매출전표등 수령명세서제출분	일반매입	(40)	1,500,000		150,000
		고정자산매입	(41)			
	의제매입세액		(42)		뒤쪽참조	
	재활용폐자원등매입세액		(43)		뒤쪽참조	
	과세사업전환매입세액		(44)			
	재고매입세액		(45)			
	변제대손세액		(46)			
	외국인 관광객에 대한 환급세액		(47)			
	합 계		(48)	1,500,000		150,000

	구 분		금 액		세 액
(16) 공제받지 못할 매입세액 명세	공제받지 못할 매입세액	(49)	10,000,000		1,000,000
	공통매입세액 면세사업분	(50)			
	대손처분받은세액	(51)			
	합 계	(52)	10,000,000		1,000,000

이제 제1장의 매입세액부분과 제2장 앞쪽 중 '그 밖의 공제 매입

세액명세'와 '공제받지 못할 매입세액명세'를 살펴보자.

II. 매입세액

※ 세금계산서 수취분

(10) 일반매입: 일반적인 세금계산서 수취분

(11) 고정자산 매입: 건물, 기계장치, 인테리어 등 감가상각대상 자산 매입 시 기재

※ 예정신고 누락분(매입)

(12) 예정신고누락분: 예정신고 시 제출하지 못한 매입세금계산서를 확정신고 시 제출할 때 기재

※ 매입자발행세금계산서

(13) 매입자가 관할세무서장으로부터 거래사실확인 통지를 받고 발행한 매입자발행 세금계산서의 금액과 세액 기재

※ 그 밖의 공제매입세액

(14) 그 밖의 공제매입세액: 아래에 해당하는 매입세액이 있는 사업자가, 제2장 앞쪽 (48) 합계란의 금액과 세액을 기재

① 신용카드매출전표 매입분

② 사업자용 현금영수증 매입분

③ 면세농수산물 의제매입세액, 재활용폐자원 의제매입세액

④ 과세사업전환 매입세액, 재고매입세액 또는 변제대손세액,외국인관광객에 대한 환급세액

※ 신용카드매출전표 등 수령명세서 제출분

(40) 일반매입, (41) 고정자산매입: 사업과 관련한 재화나 용역을 공급받고 발급받은 신용카드매출전표 등을 수령명세서에 작성하여 제출하여 매입세액을 공제하는 경우 기재. 일반매입과 고정자산매입을 구분

(42) 의제매입세액: 면세농산물 등을 원재료로 제조 · 창출한 재화 또는 용역이 국내에서 과세되어 의제매입세액을 공제받는 사업자가 기재. 금액은 의제매입세액 공제신고서의 면세농산물 등의 가액, 세액은 동 금액에 공제율을 곱한 금액으로 계산 (136쪽 참고)하고, 의제매입세액공제신고서에 다음 서류를 첨부하여 제출한다.

① 매입처별계산서합계표

② 신용카드매출전표 등 수령명세서

③ 일반과세 제조업을 영위하는 사업자가 농 · 어민으로부터 면세농산물 등을 직접 공급받은 경우에는 재정경제부령이 정하는 의제매입세액공제신고서만 제출

④ 제조업을 제외한 사업자는 계산서나 신용카드매출전표 등을

수취한 경우에만 공제 가능

(43) 재활용폐자원매입세액: 재활용폐자원 등에 대한 매입세액을 공제받는 사업자가 기재. 금액란에는 재활용폐자원 등의 취득가액을, 세액란에는 재활용폐자원 및 중고자동차 매입세액 공제신고서(갑)의 공제할 세액 기재

① 재활용폐자원 공제율: 취득가액 × 3/103

② 중고자동차 공제율: 취득가액 × 10/110

※ 공제받지 못할 매입세액

(16) 공제받지 못할 매입세액(부가가치세 신고서 제1장): 발급받은 세금계산서의 매입세액 중 공제받지 못하는 매입세액, 과세사업과 면세사업에 공통으로 사용된 공통매입세액 또는 대손처분받은 세액이 있는 사업자가 기재. 제2장 앞쪽 (52)합계란의 금액과 세액을 적음

(49) 공제받지 못할 매입세액(부가가치세 신고서 제2장): 발급받은 세금계산서 중 매입세액을 공제받지 못하는 세금계산서상의 공급가액, 세액의 합계액 기재

① 공제받지 못할 매입세액

- 매입처별세금계산서합계표를 미제출 · 부실 기재한 경우
- 세금계산서를 미수취 및 부실 기재한 경우

- 사업과 직접 관련이 없는 지출에 대한 매입세액
- 비영업용소형승용차의 구입과 임차 및 유지에 관한 매입세액
- 접대비 및 이와 유사한 비용의 지출에 관련된 매입세액
- 부가가치세 면세 재화 · 용역을 공급하는 사업에 관련된 매입세액과 토지관련 매입세액
- 금 · 구리거래계좌 미사용 관련 매입세액

(50) 공통매입세액 면세사업분: 부가가치세 과세사업과 면세사업에 공통으로 사용하는 공통매입세액 중 면세사업 등 해당분으로 안분 계산한 공급가액과 세액

(44) 과세사업전환 매입세액: 면세사업에 사용하는 감가상각자산을 과세사업에 사용하거나 소비하는 경우, 취득 당시 불공제한 매입세액을 공제받는 경우 기재

(45) 재고매입세액: 간이과세자에서 일반과세자로 변경된 사업자가 그 변경되는 날 현재의 재고품, 건설 중인 자산 및 감가상각자산에 대하여 매입세액을 공제받는 경우 기재

① 공제대상

- 간이과세자가 일반과세자로 변경되는 날 현재의 재고품(상품 · 제품 · 재료), 건설중인자산 및 감가상각자산으로 매입 시 세금계산서를 수취한 것 중 매입세액 공제대상인 것으로

- 간이과세자의 신고와 함께 '일반과세전환 시의 재고품 등 신고서'에 의하여 신고하여 승인된 경우에 한함

(46) 변제대손세액: 공급받은 재화나 용역에 대한 외상매입금, 기타 매입채무가 대손확정되어 매입세액을 불공제받은 후 대손금액의 전부 또는 일부를 변제한 경우, 변제한 대손금액에 관련된 대손세액 기재. 변제사실을 증명하는 서류와 함께 '대손세액공제(변제)신고서'를 작성 제출

(47) 외국인 관광객에 대한 환급세액: 특례적용관광호텔 사업자가 다음의 요건을 모두 충족한 경우, 환급창구운영사업자로부터 환급증명서를 송부받은 날이 속하는 과세기간의 확정신고 시 당초 10% 과세로 매출 신고한 부가가치세액을 공제받는 세액으로 기재

① 특례적용관광호텔 사업자는 외국인관광객 등에게 숙박용역을 제공하고 해당 용역의 공급시기가 속하는 과세기간에 대하여 10% 과세 매출로 신고

② 외국인관광객 등이 숙박용역을 공급받은 날부터 3개월 이내에 부가가치세액을 환급받은 사실이 확인되어야 함

③ 숙박용역 공급확인서에 환급창구운영사업자로부터 수취한 환급증명서를 제출

(51) 대손처분받은 세액: 부가가치세가 과세되는 재화 또는 용역

을 공급받고 매입세액을 공제받은 외상매입금 및 기타 매입채무가 폐업 전에 대손이 확정되어 거래상대방이 대손세액을 공제받은 경우, 관련 대손처분받은 세액.

(1장 앞쪽)

❶ 신고내용					
구분			금액	세율	세액
납부(환급)세액 (매출세액㉮-매입세액㉯)				㉰	4,350,000
경감·공제세액	그 밖의 경감·공제 세액	(18)			10,000
	신용카드매출전표발행공제등	(19)	22,000,000		286,000
	합계	(20)		㉱	296,000
예정신고미환급세액		(21)		㉲	
예정고지세액		(22)		㉳	2,000,000
사업양수자의 대리납부 기납부세액		(23)		㉴	
매입자 납부특례 기납부세액		(24)		㉵	
가산세액계		(25)		㉶	
차감·가감하여 납부할 세액(환급받을 세액)(㉰-㉱-㉲-㉳-㉴-㉵+㉶)				(26)	2,054,000

(2장 앞쪽)

경감·공제세액, 가산세 작성요령

구분			금액		세액
(18) 그 밖의 경감·공제 경액 명세	전자신고세액공제	(53)			10,000
	전자세금계산서 발급세액 공제	(54)			
	택시운송사업자경감세액 공제	(55)			
	현금영수증사업자세액공제	(56)			
	기타	(57)			
	합계	(58)			10,000

구분				금액	세율	세액
(25) 가산세 명세	사업자미등록등		(59)		1/100	
	세금계산서	지연발급 등	(60)		1/100	
		지연수취	(61)		1/100	
		미발급 등	(62)		2/100	
	전자세금계산서 발급명세 전송	지연전송	(63)		뒤쪽참조	
		미전송	(64)		뒤쪽참조	
	세금계산서 합계표	제출 불성실	(65)		1/100	
		지연제출	(66)		5/1,000	
	신고 불성실	무신고(일반)	(67)		뒤쪽참조	
		무신고(부당)	(68)		뒤쪽참조	
		과소·초과환급신고(일반)	(69)		뒤쪽참조	
		과소·초과환급신고(부당)	(70)		뒤쪽참조	
	납부불성실		(71)		뒤쪽참조	
	영세율 과세표준신고 불성실		(72)		5/1,000	
	현금매출명세서 불성실		(73)		1/100	
	부동산임대공급가액명세서 불성실		(74)		1/100	
	매입자 납부특례	거래계좌 미사용	(75)		뒤쪽참조	
		거래계좌 지연입금	(76)		뒤쪽참조	
	합계		(77)			0

이제 제1장 앞쪽과 제2장 앞쪽의 마지막 항목들을 살펴보자.

(18) 그 밖의 경감 · 공제세액: 전자신고 세액공제, 전자세금계산서 발급세액공제, 택시운송사업자 경감세액 등의 합계액, 즉 제2장 앞쪽의 (58) 합계란의 금액을 기재

(53) 전자신고세액공제: 납세의무자가 직접 전자신고를 할 경우, 신고 건당 1만 원을 확정신고 시 납부세액에서 공제하거나 환급세액에 가산

(55) 택시운송사업자 경감세액: 일반택시운송사업자만 기재하며, 제1장의 ㉰란에 기재한 납부세액의 90/100에 해당하는 금액을 기재

(56) 현금영수증사업자 세액공제: 현금영수증사업자란, 현금영수증 발행사업자(가맹점)가 아니라 현금영수증 발급기를 각 업소에 설치해주는 사업자를 뜻함. 현금영수증사업자 세액공제는 이런 현금영수증사업자에 대한 세액공제를 의미

(19) 신용카드매출전표 등 발행공제: 개인 일반과세자와 간이과세자가 부가가치세가 과세되는 재화 · 용역을 공급하고 신용카드매출전표 · 현금영수증 등을 발행하거나 전자적 결제수단

에 의하여 대금을 결제받는 경우, 그 발행(결제)금액의 1.3%에 해당하는 가산세 제외한 납부세액을 한도로 공제

공제대상 매출은 여신전문금융업법에 따른 것으로, 아래와 같다.

① 신용카드 · 직불카드 매출

② 결제대행업체(PG사)를 통한 신용카드 매출

③ 현금영수증 매출

④ 선불카드(실지명의가 확인되는 것에 한정함)

⑤ 카드 또는 컴퓨터 등 전자적인 매체에 화폐가치를 저장하였다가 재화 또는 용역을 구매할 때 지급하는 결제 수단(이하 '전자화폐')일 것

⑥ 전자화폐를 발행하는 사업자가 결제 명세를 가맹사업자별로 구분하여 관리하는 것

(21) 예정신고 미환급세액: 예정신고를 할 때 일반환급세액이 있는 것으로 신고한 경우, 그 환급세액을 기재

(22) 예정고지세액: 해당 과세기간 중 예정고지된 세액이 있는 경우 그 예정고지세액 기재

(23) 사업양수자의 대리납부 기납부세액(법52④): 사업을 포괄적으로 양도하는 경우에는 재화의 공급으로 보지 아니하는 것을 원

칙으로 하되, 사업을 포괄적으로 양도 · 양수함에 따라 그 사업을 포괄적으로 양수하는 자가 양도한 자로부터 부가가치세를 징수하여 납부한 경우에는 매입자가 납부한 세액을 공제한다.

(25) 가산세액 계

신고한 내용에 가산세가 적용되는 경우가 있는 사업자만, 제2장 앞쪽의 (77)합계란의 세액을 기재

나성공 사장 사례로 살펴보는 부가가치세 절세의 효과와 신고서 작성법

본격적인 공부를 시작하기 전, 38쪽에서 이야기를 들려준 나성공 사장을 기억할 것이다. 초기투자금만 해도 10억 원이 넘게 들었던 그는 예상보다 훨씬 큰돈을 부가가치세로 내야 하는 상황 때문에 막막해져, 세무사를 찾아가 컨설팅을 받기로 했다. 그는 얼마나 큰 절세효과를 볼 수 있었을까?

38쪽에서 이야기한 것처럼, 나성공 사장이 계산한 부가가치세 납세액은 4,000만 원이었다. 그렇다면 지금까지 공부한 내용을 바탕으로 그가 실제로 얼마나 부가가치세 납부세액을 줄일 수 있는지 살펴보자.

1. 신용카드 · 현금영수증 매입세액 추가

보통의 사업자들이 많이 누락하는 사항이 바로 신용카드와 현금영수증으로 구입한 것에 대한 매입세액공제다. 나성공 사장의 경우, 신용카드와 현금영수증으로 1억 원(부가가치세 1,000만 원)어치를 매입했다. 이에 대해 국세청 홈택스 홈페이지(https://www.hometax.go.kr)에 사업용신용카드를 등록하고 현금영수증 매입내역을 조회해서 공제받을 수 있는 금액을 산출했다. 이것만으로도 신용카드와 현금영수증 매입분에 대한 부가가치세 1,000만 원을 매입세액공제받을 수 있었다. 면세사업자나 간이과세사업자에게서 구입한 것은 매입세액공제를 받을 수 없지만, 나 사장은 일반과세자와만 거래했기에 전액 매입세액공제를 받을 수 있다.

2. 의제매입세액공제

나성공 사장은 음식점을 운영하면서 농수축산물 등 면세재화를 과세사업에 사용했으므로 도매상에게서 구입한 육류와 수산물 1억 원어치에 대해 8/108을 공제받을 수 있다. 계산해보면 7,407,407원이 나온다. 과세표준이 2억 원을 초과할 경우 과세표준의 45%까지만 의제매입세액공제를 적용할 수 있는데, 나 사장의 경우 과세표준을 계산해 보면 6억 원의 45%인 2억7천만 원이 나온다. 그가 구입한 면세재화는 1억 원어치이므로 한도에 걸리지 않는다.

3. 신용카드매출전표 발행세액공제

신용카드나 체크카드 또는 현금영수증으로 매출한 부분에 대해 1.3%의 세액공제를 해주고 있다. 나 사장 사례에서는 6억 6,000만 원(부가가치세 포함)에 대해 1.3%를 적용하면 858만 원이 나온다. 그러나 발행세액공제는 한도가 연간 최대 500만 원이므로, 나 사장은 500만 원을 세액공제받을 수 있다.

이상을 바탕으로 나 사장이 절세한 금액을 표로 정리해보면 다음과 같다.

		Before	After
매출세액		60,000,000원	60,000,000원
매입세액	세금계산서	20,000,000원	20,000,000원
	그 밖의 공제매입세액	0원	(1)17,407,407원
납부세액		40,000,000원	22,592,593원
경감 · 공제 세액	그 밖의 경감 · 공제 세액	0원	(2)10,000원
	신용카드매출전표 발행세액공제	0원	(3)5,000,000원
차감 · 가감 납부할 세액		40,000,000원	17,582,593원

※ 계산내역

(1) 매입세액〉그밖의 공제매입세액 : 17,407,407원

신용카드매출전표 · 현금영수증 매입세액:

100,000,000원 × 10% = 10,000,000원

면세 농수산물 의제매입세액:

100,000,000 × 8/108 = 7,407,407원

(2) 경감 · 공제세액〉그 밖의 경감 · 공제세액:

전자신고 세액공제 : 10.000원

(3) 경감 · 공제세액〉신용카드매출전표 발행세액공제:

Min(660,000,000원 × 1.3%, 5,000,000원) = 5,000,000원

나 사장은 부가가치세 절세만으로 22,417,407원을 아낄 수 있었다. 그것도 6개월 만에 절세한 금액이므로, 1년으로 따지면 4,000만 원에 가까운 돈을 절약할 수 있는 것이다.

또한, 나성공 사장은 미리 알았더라면 세금을 더 아낄 수도 있었는데 모르는 채로 지나버려 안 내도 될 세금을 낸 금액이 있다.

우선 38쪽에서도 이야기했듯, 건물을 지으면서 5억 5,000만 원(부가세포함)짜리 세금계산서를 늦게 받아 매입세액공제를 받지 못했고, 이로 인해 5,000만 원을 손해 봤다. 세금계산서만 제때 받았어도 환급받을 수 있었을 5,000만 원을 못 받은 것도 원통할 일인데, 만약 이 세금계산서로 매입세액공제를 신청했다면 오히려 가산세 1,000만 원까지 내게 됐을 것이다. 이런 경우, 세무사들은 어차피 5,000만 원에 대해 매입세액공제는 불가능하므로, 차라리 신고를 하지 말 것을 권한다. 최소한 가산세를 내는 것은 피하라는 의미다.

다음으로는 38쪽에서 이야기한 것처럼, 개업 전에 인테리어비

용으로 사용한 2억 2,000만 원(부가세 포함)에 대해 세금계산서를 받지 못해 2,000만 원을 매입세액공제받지 못했다. 여기다 감가상각비도 인정받지 못하기 때문에 소득세도 더 내게 됐으니, 수천만 원을 날린 셈이다.

이렇게 부가가치세에 대한 지식 몇 가지를 몰랐던 죄로 나성공 사장은 6개월 동안 아낄 수 있었던 세금을 1억 원 가까이 더 내게 된 것이다. 1억 원은 그 자체로도 큰 금액이지만, 순수익으로 1억 원을 벌려면 매출을 10억 이상 올려야 한다. 만약 사업 규모가 더 커진다면 부가가치세 절세법을 알고 지키는 것만으로도 연간 수억 원의 순수익을 올리는 효과를 볼 수 있다.

아래는 나성공 사장이 처음 작성했던 부가가치세 신고서(Before)와 세무 상담 후 작성한 신고서(After)를 비롯한 각종 양식이다. 40쪽에 나온 나 사장의 매출 및 매입 내역과 대조하면 각 양식 작성에 도움이 될 것이다.

Before

❶ 신 고 내 용						
구 분				금 액	세율	세 액
과세 표준 및 매출 세액	과세	세금계산서 발급분	(1)		10/100	
		매입자발행 세금계산서	(2)		10/100	
		신용카드 · 현금영수증 발행분	(3)	600,000,000	10/100	60,000,000
		기타(정규영수증 외 매출분)	(4)			
	영세율	세금계산서 발급분	(5)		0/100	
		기 타	(6)		0/100	
	예 정 신 고 누 락 분		(7)			
	대 손 세 액 가 감		(8)			
	합 계		(9)	600,000,000	㉮	60,000,000
매입 세액	세금계산서 수 취 분	일 반 매 입	(10)	180,000,000		18,000,000
		고정자산 매입	(11)	20,000,000		2,000,000
	예 정 신 고 누 락 분		(12)			
	매입자발행 세금계산서		(13)			
	그 밖의 공제매입세액		(14)			
	합계(10)+(11)+(12)+(13)+(14)		(15)			
	공제받지 못할 매입세액		(16)			
	차 감 계 (15)–(16)		(17)	200,000,000	㉯	20,000,000
납부(환급)세액 (매출세액㉮–매입세액㉯)					㉰	40,000,000
경감 · 공제 세액	그 밖의 경감 · 공제세액		(18)			
	신용카드매출전표등 발행공제 등		(19)			
	합 계		(20)		㉱	
예 정 신 고 미 환 급 세 액			(21)		㉲	
예 정 고 지 세 액			(22)		㉳	
사업양수자의 대리납부 기납부세액			(23)		㉴	
매입자 납부특례 기납부세액			(24)		㉵	
가 산 세 액 계			(25)		㉶	
차감 · 가감하여 납부할 세액(환급받을 세액)(㉰–㉱–㉲–㉳–㉴–㉵+㉶)					(26)	40,000,000
총괄 납부 사업자가 납부할 세액(환급받을 세액)						

After

❶ 신 고 내 용

구 분				금 액	세율	세 액
과세표준 및 매출세액	과세	세금계산서 발급분	(1)		10/100	
		매입자발행 세금계산서	(2)		10/100	
		신용카드 · 현금영수증 발행분	(3)	600,000,000	10/100	60,000,000
		기타(정규영수증 외 매출분)	(4)			
	영세율	세금계산서 발급분	(5)		0/100	
		기 타	(6)		0/100	
	예 정 신 고 누 락 분		(7)			
	대 손 세 액 가 감		(8)			
	합 계		(9)	600,000,000	㉮	60,000,000
매입세액	세금계산서 수 취 분	일 반 매 입	(10)	180,000,000		18,000,000
		고정자산 매입	(11)	20,000,000		2,000,000
	예 정 신 고 누 락 분		(12)			
	매입자발행 세금계산서		(13)			
	그 밖의 공제매입세액		(14)	200,000,000		17,407,407
	합계(10)+(11)+(12)+(13)+(14)		(15)			
	공제받지 못할 매입세액		(16)			
	차 감 계 (15)-(16)		(17)	400,000,000	㉯	37,407,407
납부(환급)세액 (매출세액㉮-매입세액㉯)					㉰	22,592,593
경감 · 공제 세액	그 밖의 경감 · 공제세액		(18)			10,000
	신용카드매출전표등 발행공제 등		(19)	660,000,000		5,000,000
	합 계		(20)		㉱	5,010,000
예 정 신 고 미 환 급 세 액			(21)		㉲	
예 정 고 지 세 액			(22)		㉳	
사업양수자의 대리납부 기납부세액			(23)		㉴	
매입자 납부특례 기납부세액			(24)		㉵	
가 산 세 액 계			(25)		㉶	
차감 · 가감하여 납부할 세액(환급받을 세액)(㉰-㉱-㉲-㉳-㉴-㉵+㉶)					(26)	17,582,593
총괄 납부 사업자가 납부할 세액(환급받을 세액)						

[별지 제12호의5서식] <개정 2010.3.31>

신용카드매출전표 등 발행금액 집계표

(2014 년 2 기 예정·확정)

1. 인적사항

①상호(법인명)	맛있는 한우집	②성 명(대표자)	나성공
③사업장소재지	서울시 강동구 명일동	④사업자등록번호	123-45-67890

2. 신용카드매출전표 등 발행금액 현황

구 분	⑤합 계	⑥신용·직불· 기명식 선불카드	⑦현금영수증
합 계	660,000,000	550,000,0000	110,000,000
과세 매출분	660,000,000	550,000,0000	110,000,000
면세 매출분			
봉 사 료			

3. 신용카드매출전표 등 발행금액(⑤합계) 중 세금계산서(계산서) 발급내역

⑧세금계산서 발급금액		⑨계산서 발급금액	

※ 작성방법

1. 신용카드매출전표 등 발행금액 현황(⑤~⑦) : 부가가치세 과세 매출분, 면세 매출분 및 봉사료로 각각 구분하여 기입하고, 과세 매출분란은 공급대가(부가가치세를 포함합니다)를 기입합니다.
2. 신용카드매출전표 등 발행금액(⑤합계) 중 세금계산서(계산서) 발급내역(⑧·⑨) : ⑧세금계산서란은 ⑤합계란의 과세 매출분 합계금액 중 세금계산서를 발급한 금액을 기입하고, ⑨계산서 발급금액란은 ⑤합계란의 면세 매출분 합계금액 중 계산서를 발급한 금액을 각각 기입합니다.

가로210㎜× 세로297㎜[신문용지 54g/㎡(재활용품)]

■ 부가가치세법 시행규칙 [별지 제20호의3서식(1)] <개정 2012.2.28>

홈택스(www.hometax.go.kr)에서도 신청할 수 있습니다.

매입처별세금계산서합계표(갑)

(2014 년 제 2 기)

(앞쪽)

1. 제출자 인적사항

(1) 사업자등록번호	123-45-67890	(2) 상호(법인명)	맛있는 한우집
(3) 성 명(대 표 자)	나성공	(4) 사업장 소재지	서울시 강동구 명일동
(5) 거래기간	2014년7월1일~2014년12월31일	(6) 작성일	2015년 1월 25일

2. 매입세금계산서 총합계

구 분		(7) 매입처수	(8) 매수	(9) 공급가액					(10) 세 액				
				조	십억	백만	천	일	조	십억	백만	천	일
합 계		10	25			200	000	000			20	000	000
과세기간 종료일 다음달 11일까지 전송된 전자세금계산서 발급받은분	사업자등록번호 발급받은분	8	15			180	000	000			18	000	000
	주민등록번호 발급받은분												
	소 계	8	15			180	000	000			18	000	000
위 전자세금계산서 외의 발급받은분	사업자등록번호 발급받은분	2	10			20	000	000			2	000	000
	주민등록번호 발급받은분												
	소 계	2	10			20	000	000			2	000	000

* 주민등록번호로 발급받은 세금계산서는 사업자등록 전 매입세액 공제를 받을 수 있는 세금계산서만 적습니다.

3. 과세기간 종료일 다음달 11일까지 전송된 전자세금계산서 외 발급받은 매입처별 명세
(합계금액으로 적음)

(11) 번호	(12) 사업자 등록번호	(13) 상 호 (법인명)	(14) 매수	(15) 공급가액					(16) 세 액					비고
				조	십억	백만	천	일	조	십억	백만	천	일	
1	123-85-85470	왕창주류	5			10	000	000			1	000	000	
2	456-78-90123	식자재도매	5			10	000	000			1	000	000	
3														
4														
5														

( )쪽

(17) 관리번호(매입)	-

210mm×297mm[백상지 80g/㎡ 또는 중질지 80g/㎡]

■ 부가가치세법 시행규칙 [별지 제17호의2서식] <개정 2011.3.24>

홈택스(www.hometax.go.kr)에서도 신청할 수 있습니다.

건물등감가상각자산취득명세서
2014년 2기(7월 1일~12월 31일)

1. 신고자 인적사항

① 성 명 (법 인 명)	맛있는 한우집	② 사업자등록번호	123-45-67890
③ 업 태	음식업	④ 종 목	한식

2. 감가상각자산 취득 명세 합계

감가상각자산 종류	건 수	공급가액	세 액	비 고
⑤ 합 계	1	20,000,000	2,000,000	
⑥ 건 물 · 구 축 물				
⑦ 기 계 장 치				
⑧ 차 량 운 반 구	1	20,000,000	2,000,000	
⑨ 그 밖의 감가상각자산				

「부가가치세법 시행령」 제64조제2항제6호, 제65조제1항제8호 및 제73조제2항에 따라 건물 등 감가상각자산 취득명세서를 제출합니다.

2015년 1월 25일

제출인 나 성 공 (서명 또는 인)

세 무 서 장 귀하

작성방법

① - ④: 제출자의 성명 또는 법인명과 사업자등록번호, 업태, 종목을 적습니다.

⑤: 신고대상기간 중 취득한 건물・구축물・기계장비・차량운반구 등 감가상각자산의 건수・공급가액・세액을 합하여 적으며, 공급가액 및 세액 합계액은 부가가치세신고서 "(11)번+(40)번 고정자산"란의 금액 및 세액과 일치하여야 합니다.

⑥: 신고대상기간중 건물・구축물을 취득하고 발급받은 신용카드매출전표등 수취분이나 세금계산서상의 건수・공급가액・세액을 더하여 적습니다.

⑦: 신고대상기간 중 기계 및 장비를 취득하고 발급받은 신용카드매출전표등 수취분이나 세금계산서의 건수・공급가액・세액을 더하여 적습니다.

⑧: 신고대상기간 중 차량운반구를 취득하고 발급받은 신용카드매출전표등 수취분이나 세금계산서의 건수・공급가액・세액을 더하여 적습니다.

⑨: 신고대상기간 중 건물・구축물・기계 및 장비・차량운반구를 제외한 그 밖의 감가상각자산을 취득하고 발급받은 신용카드매출전표등 수취분이나 세금계산서의 건수・공급가액・세액을 더하여 적습니다.

210mm×297mm[일반용지 60g/㎡(재활용품)]

■ 부가가치세법 시행규칙 [별지 제13호서식] <개정 2012.2.28>

홈택스(www.hometax.go.kr)에서도 신청할 수 있습니다.

신용카드매출전표등 수령금액 합계표(갑)

(2014년 2기 예정, 확정)

(앞 쪽)

	처리기간	즉시

1. 제출자 인적사항

①상호(법인명)	맛있는 한우집	②사업자등록번호	123-45-67890
③성명(대표자)	나성공	④주민(법인)등록번호	640101-1234567

2. 신용카드 등 매입내역 합계

구 분	거래건수	공급가액	세 액
⑤ 합 계	495	100,000,000	10,000,000
⑥현금영수증	32	14,000,000	1,400,000
⑦화물운전자복지카드			
⑧사업용신용카드	451	85,000,000	8,500,000
⑨기타 신용카드	12	1,000,000	100,000

3. 기타 신용・직불카드 및 기명식선불카드 매출전표 수령금액 합계

일련번호	⑩카드회원번호	⑪ 공급자(가맹점) 사업자등록번호	⑫ 기타 신용카드 등 거래내역 합계		
			거래건수	공급가액	세액
1	1258-8547-8965-6745	102-02-34567	5	400,000	40,000
2	7858-8547-8965-3257	102-02-34567	7	600,000	60,000
3					
4					
5					
6					
7					
8					
9					
10					
11					
12					
13					
14					
15					

210㎜×297㎜[백상지 80g/㎡ 또는 중질지 80g/㎡]

■ 부가가치세법 시행규칙 [별지 제15호서식]

홈택스(www.hometax.go.kr)에서도 신청할 수 있습니다.

의제매입세액 공제신고서

※ 아래의 작성방법을 읽고 작성하시기 바랍니다. (앞쪽)

접수번호	접수일	처리기간	즉시

1. 신고인 인적사항

① 상호(법인명) 맛있는 한우집	② 사업자등록번호 123-45-67890
③ 업태 음식업	④ 종목 한식

2. 면세농산물등 매입가액 합계

구 분		⑤ 매입처 수	⑥ 건 수	⑦ 매입가액	⑧ 공제율	⑨ 의제매입세액
⑩ 합 계		2	12	100,000,000	8/108	7,407,407
사업자로부터의 매 입 분	⑪ 계 산 서	2	12	100,000,000	8/108	7,407,407
	⑫ 신용카드 등					
⑬ 농어민 등으로부터의 매입분						

3. 면세농산물등 의제매입세액 관련 신고내용

가. 과세기간 과세표준 및 공제 가능한 금액 등

과세표준			대상액 한도계산		⑲ 당기 매입액	⑳ 공제대상금액 (=⑱과 ⑲의 금액 중 적은 금액)
⑭ 합계	⑮ 예정분	⑯ 확정분	⑰ 한도율	⑱ 한도액		
600,000,000		600,000,000	40/100	240,000,000	100,000,000	100,000,000

나. 과세기간 공제할 세액

공제대상세액		이미 공제받은 세액			㉖ 공제(납부)할 세액 (=㉒-㉓)
㉑ 공제율	㉒ 공제대상세액	㉓ 합계	㉔ 예정 신고분	㉕ 월별 조기분	
8/108	7,407,407				7,407,407

4. 농어민 등으로부터의 매입분에 대한 명세(합계금액으로 작성함)

일련번호	㉗ 면세농산물등을 공급한 농어민 등		㉘ 건수	㉙ 품 명	㉚ 수 량	㉛ 매입가액
	성명	주민등록번호				
	합계					
1						
2						
3						
4						
5						
6						
7						
8						
9						
10						

「부가가치세법 시행령」 제84조 제3항 및 제113조 제4항에 따라 의제매입세액을 공제받기 위하여 위와 같이 신고합니다.

2015년 1월 25일

신고인 나 성 공 (서명 또는 인)

세 무 서 장 귀하

첨부서류	1. 제조업을 경영하는 사업자가 농어민으로부터 면세농산물등을 직접 공급받는 경우: 구비서류 없음 2. 그 밖의 경우: 매입처별 계산서합계표 또는 신용카드매출전표등 수령명세서	수수료 없음

210㎜×297㎜[백상지 80g/㎡(재활용품)]

■ 소득세법 시행규칙 [별지 제29호서식(2)] <개정 2013.2.23>

홈택스(www.hometax.go.kr)에서도 신청할 수 있습니다.

매입처별 계산서합계표(갑)

(2014 년 2기)

(앞쪽)

1. 제출자 인적사항

(1)사업자등록번호	123-45-67890	(2) 상호(법인명)	맛있는 한우집
(3)성 명(대 표 자)	나 성공	(4) 사업장소재지	서울 강동구 명일동
(5) 거래기간	2014년 7월1일~2014년 12월31일	(6) 작성일자	2015년 1월 25일

2. 매입계산서 총합계

구 분	(7) 매입처수	(8) 매수	(9) 매 입 금 액				
			조	십억	백만	천	일
합 계	2	12			100	000	000
과세기간 종료일 다음달 11일까지 전송된 전자계산서 발급받은분							
위 전자계산서 외의 발급받은분	2	12			100	000	000

3. 과세기간 종료일 다음달 11일까지 전송된 전자계산서 외 발급받은 매입처별 명세
(합계금액으로 적음)

(10) 번호	(11) 사업자 등록번호	(12)상호 (법인명)	(13) 매수	(14) 매 입 금 액					비고
				조	십억	백만	천	일	
1	123-90-45678	최고수산	6			30	000	000	
2	123-81-67890	제주육류	6			70	000	000	
3									
4									
5									

( )쪽

(15) 관리번호(매입)	-

210mm×297mm[백상지 80g/㎡ 또는 중질지 80g/㎡]

기적의
절세법

Ⅳ

사업자가 부가가치세에 대해 궁금해하는 것들

세무사로 일하다 보면 사장님들을 많이 만나게 된다. 그중에는 내 고객도 있고, 그냥 지인도 있으며, 절친한 친구도 있다. 알게 된 경위야 어떻든 간에, 사장님들 대부분은 세금 문제, 특히 부가가치세에 민감하다. 부가가치세는 '내 돈'을 뺏기는 게 아니라 '고객들에게서 잠시 맡아둔 돈'을 국가에 전해주는 것에 가깝지만, 여전히 많은 사장님들은 상실감을 느낀다.

어쨌든, 가능하면 세금을 적게 내고 싶어하는 것은 인간의 본성이라 할 수 있고, 상황이 그러하니 세무사인 나를 만나면 사람들은 세금에 대한 것을 많이 묻는다. 그중 사장님들이 부가가치세에 대해 가장 많이 하는 질문들과 그 답변을 뽑아봤다.

01
/
부가가치세 신고·납부·환급 방법

Q. 사업 초기라 매출이 없는데도
부가가치세 신고를 해야 하나요?

A. 그렇습니다. 만약 매출·매입이 없더라도 세무서에서는 사업자가 사업을 그만둔 것인지 아니면 실적이 없어서 신고하지 않은 것인지 구분하기 힘들기 때문에, 매출이 없더라도 부가가치세 신고는 해야 합니다. 단, 이런 경우 번거로움을 피할 수 있도록 홈택스에서 '무실적신고'라는 것을 만들었습니다. 방법은 다음과 같습니다.

* 홈택스 무실적신고 방법: 홈택스 로그인 〉 세금신고 〉 부가가치세 〉 일반과세자(간이과세자) 〉 정기신고(확정/예정) 〉 사업자기본

사항 중 사업자번호 입력 후 '무실적신고' 버튼을 누르면 됩니다.

Q. 매출은 없고 매입만 있어도 부가가치세 신고를 해야 하나요?

A. 매입은 있는데 매출은 없는 경우 또는 주로 사업 초기에 기계장치나 인테리어에 비용을 많이 사용한 경우, 세금계산서를 받아 부가가치세 신고를 하는 것이 좋습니다. 매출이 없으니 내야 할 부가가치세는 없고, 오히려 매입할 때 부담한 부가가치세를 환급받을 수 있으니까요.

Q. 인터넷 사용이 익숙지 않은데, 홈택스를 꼭 이용해야 하나요?

A. 홈택스 이용을 법적으로 강제하고 있지는 않습니다. 단, 홈택스를 통해 부가가치세를 전자신고하면 세무서를 방문할 필요가 없고, 납세자가 직접 신고하는 경우 1만 원의 전자신고세액공제도 받을 수 있습니다. 단, 일반과세자는 매출액과 매입액이 없는 경우 세액공제를 받을 수 없고, 간이과세자는 전자신고 세액공제는 받을 수 있지만 매입액이 매출액보다 크더라도 환급은 되지 않습니다.

Q. 소비자에게 현금으로 물건을 판매한 경우 어떻게 신고하나요?

A. 현금으로 계산한 고객에게 현금영수증을 발행하지 않은 경우에도 부가가치세 신고를 해야 합니다. 부가가치세 신고서에는 매출 내역을 신고하는 부분이 '세금계산서 매출', '신용카드 · 현금영수증 매출', '기타매출' 등으로 나누어져 있습니다. 이 중에서 '기타매출'이 현금영수증을 발행하지 않은 순수한 현금판매액을 적는 곳입니다. 만약 신고하지 않았다가 세무조사에서 적발될 경우 원래 납부해야 할 부가가치세 외에도 추가로 가산세까지 부담해야 하므로, 정확히 기재해야 합니다.

Q. 부가가치세 환급금은 언제 나오나요?

A. 조기환급은 신고기한 경과 후 15일 이내에, 일반환급은 신고기한 경과 후 30일 이내에 환급됩니다. 만약 환급세액이 2,000만 원 이상이면 '환급계좌개설(변경)신고서(통장사본첨부)'를 제출해야 합니다. 홈택스에 로그인해서 신청/제출 〉 주요세무서류신청 바로가기 〉 환급계좌개설(변경)신고서에서 제출할 수 있습니다. 환급금이 2,000만 원 미만이면 신고서상 '국세환급금 계좌신고'란에 본인명

의 예금계좌를 기재해야 합니다.

Q. 일반과세자입니다. 얼마 전에 예정고지가 나왔습니다. 매출이 상반기에 비해 크게 줄었는데도 납부해야 하나요?

A. 일반과세자는 예정신고 의무가 없는 대신, 직전 과세기간 부가가치세 확정신고세액이 40만 원 이상인 사업자에 대해 국세청이 예정고지를 합니다. 이때 고지액은 전기분 부가가치세 신고 금액의 50%가 됩니다. 예를 들어, 1기(상반기) 부가가치세 납부세액이 100만 원이었다면, 국세청이 2기 예정고지로 10월 25일까지 50만 원을 납부하라고 합니다.

하지만 사업을 하다 보면 여러 가지 이유로 매출이 뚝 떨어지는 기간이 있게 마련이죠. 그런 경우 전기분 확정신고액의 50%가 부담스러울 수 있습니다. 이렇게 사업부진으로 공급가액이나 납부세액이 직전 확정신고기간 납부세액의 1/3 미만인 경우 별도로 예정신고 · 납부할 수 있습니다. 앞의 예에서 50만 원을 고지받았지만, 매출이 부진해 실제 계산한 부가가치세 납부세액이 30만 원이라면 예정신고를 하고 30만 원만 납부하면 됩니다. 예정신고를 하면 예정고지는 자동 취소됩니다.

Q. 간이과세자의 예정고지란 무엇인가요?

A. 간이과세자의 자금 부담 완화를 위해 1~6월을 예정부과기간으로 하여 7월에 예정고지를 합니다. 예를 들어, 1월에 작년도 부가가치세 100만 원을 납부했다면, 7월에는 그 50%인 50만 원이 예정고지됩니다. 단, 일반과세자와 마찬가지로 간이과세자도 휴업 · 사업부진 등으로 예정부과기간의 공급대가나 납부세액이 직전 과세기간 공급대가 · 납부세액의 1/3 미만인 경우 예정신고 · 납부할 수 있습니다. 간이과세자의 경우에도 예정신고를 하면 예정고지는 자동 취소됩니다.

Q. 매출액이 적어 부가가치세를 안 내는 간이과세자가 있다는데, 무슨 의미인가요?

A. 간이과세자는 신고대상 매출액이 2,400만 원 미만이면 납부할 세액이 있더라도 납부의무가 면제됩니다. 사업 기간이 12개월 미만이라면 12개월로 환산한 금액을 기준으로 계산합니다. 즉, 사업 기간이 4개월인 간이과세자의 해당 기간 매출액이 600만 원이라면, 12개월로 환산한 금액이 1,800만 원으로 2,400만 원에 미치지 못하기 때문에 납부 의무가 면제됩니다.

Q. 부동산중개업을 준비 중인 사람입니다. 사업을 준비하다가 부동산중개업자는 현금매출명세서라는 것을 제출해야 한다는 말을 들었는데, 그게 무슨 뜻인가요?

A. 현금매출명세서는 주로 현금거래를 하는 업종의 탈세를 방지하기 위해 만들어진 것으로, 현금매출 건별로 신고해야 합니다. 해당 업종으로는 전문인적용역* 사업자와 예식장업, 부동산중개업, 보건업(병 · 의원 한정) 등이 있습니다. 현금매출명세서를 제출하지 않거나 제출한 현금매출이 사실과 다를 때, 해당 금액(제출하지 않은 부분 또는 사실과 다른 경우 차액)에 대해 1%의 가산세가 나옵니다.

세법에서는 고소득 전문직 사업자를 비롯한 현금수입업종 종사자들이 10만 원 이상을 현금거래할 경우 현금영수증 발행을 의무화하고 있습니다. 이를 어길 경우 현금영수증 미발급가액의 50%가 과태료로 부과되므로, 주의해야 합니다.

* 전문인적용역 : 변호사업, 심판변론인업, 변리사업, 법무사업, 공인회계사업, 세무사업, 경영지도사업, 기술지도사업, 감정평가사업, 기술사업, 건축사업, 측량사업, 공인노무사업, 수의사업 등

Q. 그렇다면 현금매출명세서 서식 중 현금매출명세란에는 무엇을 기재해야 하나요?

A. 신용카드 · 현금영수증 · 세금계산서(주민등록번호기재분 제외)가 발행되지 않은 순수 현금매출분과 주민등록번호기재분 세금계산서 내역만을 기재하면 됩니다. 여기서 주민등록번호기재분 세금계산서란 공급받는자가 사업자가 아닌 경우에 사업자번호 대신에 주민등록번호를 기재한 것을 말합니다.

Q. 사업장이 법인상 본점과 지점으로 여러 개인데, 홈택스 가입을 각각 해야 하나요?

A. 개인사업자는 대표자 주민번호로 관리되므로 한 번만 가입하면 모든 사업장의 홈택스를 이용할 수 있습니다. 반면 법인사업자는 사업자번호로 관리되므로 각각 가입해야 합니다. 본점에서 홈택스 가입을 했다면, 부가가치세 전자신고는 본점의 홈택스 ID로 가능합니다.

Q. 부가가치세 신고 방법을 잘 몰라서 전자신고도 하고 다시 서면신고서도 제출했는데, 괜찮을까요? 이중으로 납부하게 되는 건 아니겠죠?

A. 물론 두 번 납부하지는 않습니다. 만약 전자신고와 서면신고의 신고 내용이 다르면 관할세무서에서 납세자에게 확인하여 처리합니다. 만약 전자신고한 내용이 잘못됐다면 홈택스에서 신고/납부 〉 세금신고삭제요청에서 신고자료 삭제를 요청하면 됩니다.

Q. 예전에 신고한 부가가치세 내역을 확인하고 싶은데, 방법이 없을까요?

A. 홈택스에서 확인이 가능합니다. 홈택스에 로그인해서 조회/발급 〉 세금신고납부 〉 세금신고결과조회 화면에서 기간과 사업자번호를 입력하면 이전에 신고한 부가가치세 신고서를 조회하고 출력도 할 수 있습니다.

Q. 부가가치세는 세무서에 찾아가서 납부해야 하나요?

A. 부가가치세는 홈택스, 금융기관의 인터넷뱅킹, 자동입출금기

(ATM)를 이용한 전자납부를 하거나, 금융기관 또는 우체국을 찾아가 방문 납부를 할 수도 있습니다. 전자신고를 한 사업자라면, 전자신고 후 '신고서작성' 화면 왼쪽의 '신고서(납부서)출력' 메뉴나 홈택스에 로그인해서 신고/납부 > 세금납부 > 국세납부 > 납부할 세액 조회납부를 차례대로 누르면 홈택스에서 바로 납부가 가능합니다.

Q. 부가가치세를 신용카드로 납부해도 되나요?

A. 네, 신용카드로도 납부할 수도 있습니다. 신용카드로 부가가치세를 납부하려면 카드로택스(https://www.cardrotax.kr)를 이용하거나 세무서를 방문하면 됩니다. 카드로 세금을 납부할 경우에는 납부대행수수료가 있는데, 신용카드는 납부세액의 0.8%, 체크카드는 납부세액의 0.5%가 추가로 붙습니다. 카드로 납부할 수 있는 세금의 한도는 제한이 없고 카드사별로 무이자할부도 받을 수 있으니 잘 활용하면 좋겠습니다.

02

/

매입세액공제 가능 여부

Q. 직원 수 5명인 식당을 운영 중입니다. 얼마 전에 직원 한 명이 음식물을 나르다가 화상을 입어 병원에서 치료를 받았는데, 병원비도 부가가치세 매입세액공제를 받을 수 있나요?

A. 병원비는 부가가치세가 없는 면세용역이기 때문에 매입세액공제가 되지 않습니다. 단, 사업과 관련하여 근로자가 질병이나 부상을 당하는 경우에 사용한 병원비는 법인세나 소득세 신고 시 비용으로 처리할 수 있습니다.

Q. 백화점에서 의류를 샀는데 부가가치세 매입세액공제가 되나요?

A. 기본적으로 사업과 무관한 비용은 부가가치세 매입세액공제가 되지 않습니다. 하지만 사업장에서 직장체육대회에서 사용할 목적으로 유니폼을 구입했다면 복리후생비에 해당되어 부가가치세 공제가 가능합니다. 부가가치세법에서는 작업복 · 작업모 · 작업화 또는 직장체육비 · 직장연예비와 관련된 재화를 구입할 경우 매입세액공제를 해주고 있습니다.

Q. 재화를 구입할 당시 공급하는 자가 폐업한 사업자인 줄 모르고 세금계산서를 받았습니다. 부가가치세 매입세액공제를 받을 수 있나요?

A. 원칙적으로 세금계산서는 정상적으로 사업을 하고 있는 사업자에게 받아야 부가가치세 매입세액공제가 가능합니다. 폐업한 사업자나 간이과세자, 면세사업자 등 세금계산서를 발행할 수 없는 사업자로부터 받은 세금계산서(신용카드매출전표, 현금영수증 포함)는 공제받을 수 없습니다. 그래서 처음 거래하는 곳이나 계속 거래를 해왔지만 갑자기 좋은 조건으로 거래를 제시해오는 곳은 확인이 필요합니다.

거래 상대방이 정상 사업자인지 확인하는 방법은 본문 57쪽을 확인해주세요.

Q. 마트를 운영 중인데, 농산물도 판매하고 있습니다. 이럴 경우 부가가치세 매입세액공제 계산은 어떻게 하죠?

A. 과세재화와 면세재화를 같이 판매하는 사업자를 과세 · 면세 겸영사업자라고 합니다. 그럴 경우 과세사업에 사용하기 위해 매입한 재화나 용역은 부가가치세 공제를 받을 수 있습니다. 예를 들어 과자나 통조림 매입액은 부가가치세 공제가 가능합니다.

문제는 전기, 전화 요금 및 공제 가능한 유류비 같은 과세 · 면세 공통매입세액분에서 발생합니다. 이런 경우, 해당 과세기간의 과세매출액과 면세매출액의 비율대로 안분해서 부가가치세를 공제받습니다. 예를 들어, 해당 과세기간에 과세사업 공급가액이 3억 원이고 면세사업 공급가액이 2억 원이라면, 공통사용매입분은 6대 4로 안분합니다. 공통매입세액이 1억 원이라면, 60%인 6,000만 원만 공제받을 수 있습니다.

Q. 우리 회사에서 거래처 접대를 위해 골프회원권을 부가가치세 포함히 3,300만 원에 구입하였습니다. 부가가치세 매입세액공제가 가능할까요?

A. 사업자가 골프회원권을 취득하는 경우 사업과 직접 관련이 있다면 매입세액공제가 가능할 것입니다. 하지만 거래처 접대를 위해 골프회원권을 이용한다면 부가가치세 매입세액공제는 되지 않습니다. 부가가치세법 제39조에 따라, '접대비 및 이와 유사한 비용으로서 대통령령으로 정하는 비용의 지출에 관련된 매입세액'은 공제해주지 않기 때문입니다.

Q. 회사에서 콘도회원권을 구입했습니다.
혹시 부가가치세 매입세액공제가 가능할까요?

A. 콘도회원권을 종업원의 복리후생 목적으로 취득하여 직원 휴양 및 워크숍 등 취득 목적에 맞게 사용한다면 취득 및 유지관련 비용은 매입세액공제가 가능합니다. 그러나 거래처에서 사용하게 하는 등 접대용으로 사용한다면 매입세액공제가 되지 않습니다.

03

/

세금계산서 · 신용카드 · 현금영수증

Q. 거래처에서 받은 종이세금계산서를 분실했습니다. 매입세액공제를 받을 수 없나요?

A. 종이세금계산서를 분실해도 매입세액공제를 받을 수 있습니다. 단, 이 경우 분실한 세금계산서가 적법한 것이어야 하고, 매입세금계산서 원본이 없기 때문에 공급한 거래업체로부터 세금계산서 사본을 팩스로 받아 5년간 보관해야 합니다.

Q. 얼마 전에 회사에서 쓸 노트북을 구매했는데, 실수로 지출증빙용이 아닌 소비자용 현금영수증을 받았습니다. 매입세액공제를 받을 수 없는 건가요?

A. 이런 경우 관할세무서에 방문해서 소비자용 현금영수증으로 지출증빙용으로 전환 신청을 해야 합니다. 사업자 본인이 방문할 경우 신분증을 꼭 지참하여야 하고, 만약 대리인이 갈 경우 대리인의 신분증과 사업자의 신분증과 위임장을 첨부해야 합니다.

Q. 신용카드와 현금영수증 매출액을 확인하고 싶은데, 어떻게 해야 하나요?

A. 신용카드 매출의 경우 여신금융협회 가맹점매출거래정보 통합조회서비스(https://www.cardsales.or.kr)에 가입하면 신용카드 매출액을 일별 · 월별 · 기간별로 조회할 수있으며, 카드수수료도 얼마가 차감되는지 알 수 있습니다.

현금영수증 매출액의 경우 홈택스에 로그인하여 조회/발급 〉 현금영수증 〉 현금영수증조회 〉 매출내역조회 또는 매출내역 누계조회를 이용하면 됩니다.

04
/
신고 및 납부 기한연장

Q. 부가가치세 납부기한이 다가왔는데 수금이 되지 않아 납부에 어려움이 있습니다. 납부기한을 연기할 방법이 있을까요?

A. 세법에서는 몇 가지 사유에 대해 예외적으로 신고 및 납부기한을 연장해주고 있습니다. 다음과 같은 사유에 해당된다면 납부기한 연장이 가능합니다.

※ 신고 및 납부기한 연장사유

- 천재지변이 발생한 경우
- 납세자가 화재, 전화(戰禍), 그 밖의 재해를 입거나 도난을 당한 경우

- 납세자 또는 그 동거가족이 질병으로 위중하거나 사망하여 상중인 경우
- 정전, 프로그램의 오류, 그 밖의 부득이한 사유로 정상적인 한국은행 및 체신관서 정보통신망의 정상적인 가동이 불가능한 경우
- 금융회사 또는 체신관서의 휴무, 그 밖의 부득이한 사유로 정상적인 세금납부가 곤란하다고 국세청장이 인정하는 경우
- 권한 있는 기관에 장부나 서류가 압수 또는 영치된 경우
- 납세자가 그 사업에서 심각한 손해를 입거나 그 사업이 중대한 위기에 처한 경우(납부기한 연장만 가능)
- 납세자의 형편이나 경제적 사정 등을 고려해 기한의 연장이 필요하다고 인정되는 경우로써, 국세청장이 인정하는 기준에 해당하는 경우(납부기한 연장만 가능)

위 사유에 해당하고 납부해야 할 세금이 자진신고 납부분인 경우, 기한만료일 3일 전까지 '납부기한 연장승인 신청서'를 작성해 관할 세무서장에게 제출해야 합니다. 이때 기한 연장은 9개월 범위 내에서 관할 세무서장이 연장 또는 재연장을 승인해줍니다.

Q. 세무서에서 발송한 납세고지서가 우편으로 도착했는데, 지금이라도 연기할 수 있나요?

A. '징수유예' 제도를 활용하면 됩니다. 징수유예란, 납세자에게 특정한 사유가 발생한 경우, 징수해야 할 세금을 연기 또는 분할해서 납부하게 하는 것입니다. 납세의 고지를 늦추거나 세액을 분할 고지하는 경우와 고지 · 독촉 후 고지된 국세나 체납액의 납부기한을 늦춰주는 경우가 있습니다.

징수유예 신청은 다음과 같은 사유에 한해 가능합니다.

※ 납세자가 징수유예를 신청할 수 있는 사유

- 재해 또는 도난으로 재산에 심한 손실을 받은 때
- 사업이 현저한 손실을 받은 때
- 사업이 중대한 위기에 처한 때
- 납세자 또는 그 동거가족의 질병이나 중상해로 장기치료를 요하는 때
- 국제조세조정에 관한 법률에 따른 상호합의절차가 진행 중인 경우

위 사유에 해당하고 납부해야 할 세금이 납세고지서의 의한 고지분인 경우, 납부기한 3일 전까지 징수유예신청서를 작성해 관할 세무서장에게 제출해야 합니다. 이때, 징수유예기간은 유예한 날

이 포함된 달의 다음 달부터 9개월(재기 중소기업인은 3년) 이내입니다. 만약 징수유예기간이 6개월을 넘으며, 6개월이 경과한 날로부터 3개월 이내에 분납해야 합니다.

* 재기 중소기업인이란? : 중소기업진흥공단, 신용회복위원회의 재창업자금을 융자받은 자로서 5년간 조세범처벌 사실이 없고 직전년도 수입금액이 10억 원 이하여야 한다. 또한 세법에 따른 의무(복식부기의무, 사업용계좌개설 · 사용의무, 신용카드가맹점 및 현금영수증 가맹점 가입의무)를 이행한 사업자. 단, 1년간 3회 이상 체납하거나 1,000만 원 이상 체납 또는 3년간 결손처분액 1,000만 원 이상인 사업자는 제외된다.

05

/

세무조사

Q. 몇 년간 사업을 해오면서 지금까지 단 한 번도 탈세를 한 적 없는 성실납세자입니다. 그런데 얼마 전에 세무서로부터 세무조사 통지를 받았습니다. 도대체 어떻게 된 걸까요?

A. 성실납세자라 하더라도 세무조사를 받게 된다면 부담이 될 것입니다. 특히, 성실하게 신고 · 납부해온 사업자로서는 왜 자신을 조사하러 오는 것인지 몰라 당황할 수도 있지요. 하지만 세무조사란 '잘못한 사업자'만을 대상으로 하는 경우도 있지만 정기적으로 실시하는 '정기세무조사'도 있습니다. 그러므로 탈세한 것이 없다면 당당하게 세무조사에 임하면 됩니다.

※ 정기세무조사

납세자가 세금을 제대로 신고했는지 검증하기 위해 임의로 대상자를 골라 진행하는 세무조사로, 다음과 같은 경우 실시한다.

- 납세자의 신고 내용을 정기적으로 분석한 결과 불성실혐의가 있다고 인정되는 경우
- 최근 4과세기간(또는 4사업연도) 이상 같은 세목의 세무조사를 받지 않은 사업자에 대해 업종, 규모 등을 고려하여 신고 내용이 적정한지를 검토할 필요가 있는 경우
- 무작위추출방식으로 표본조사를 하는 경우

※ 수시세무조사

- 납세자가 세금신고를 하지 않거나 세금계산서 등을 제출하지 않은 것으로 보이는 경우
- 위장·가공거래의 혐의가 있는 경우
- 탈세제보가 있는 경우
- 세금 신고 내용에 탈루혐의가 명백한 경우

Q. 이번에 세무조사를 받게 됐는데, 처음이라 그런지 어떻게 해야 할지를 모르겠습니다. 어쩌면 좋을까요?

A. 처음 세무조사를 받는 분은 무엇을 어떻게 준비해야 할지 몰라 허둥대거나, 당황해서 실수를 할 수도 있습니다. 하지만 몇 가지만 알아두면 세무조사는 그리 두려운 것이 아닙니다.

- 자료 준비

  세무조사의 범위와 내용은 사전통지서를 통해 미리 통보되므로, 해당 자료를 충실히 준비합니다. 자료가 많다고 무조건 좋은 것이 아닙니다. 오히려 조사 범위만 확대될 수도 있으므로 유의해야 합니다.

- 조력권 사용

  아무리 잘 대처해도 기업의 답변이 부정적인 결과로 이어지는 경우도 있습니다. 안전하게 하려면 세무사나 회계사 등 전문가와 협의하거나 대행을 의뢰하는 것도 바람직합니다.

- 진실성과 솔직함

  탈세나 탈루 사실이 확인된 경우에는 솔직히 시인하는 것이 좋습니다. 그렇게 할 수 밖에 없었던 객관적인 상황 등을 설명하고, 진실한 납세 의지를 보여주는 것이 추가 조사나 여러 가지 불이익을 피할 수 있는 방법입니다.

- 인맥 과시, 금품 제공은 절대 금물

국세청의 누구를 안다는 식으로 특정인을 거론하거나 직급이 높은 공무원의 이름을 대며 압력을 가하는 행동은 절대로 금물입니다. 이미 세무조사가 시작되면 제3자가 조사 결과에 영향을 미칠 수는 없습니다. 오히려 납세자의 태도가 불성실하다고 느낀 조사공무원이 세무조사의 강도를 더 강도 높일 우려도 있습니다. 만약 조사공무원에게 금품을 제공하는 경우 처벌이 따를 수 있으니, 이것 또한 절대로 금물입니다.

- 확인서의 서명날인은 신중하게

조사를 받는 사람이 서명날인을 하면 세무조사가 종결됩니다. 그럼 그 금액으로 고지서가 나오게 되므로, 혹시라도 실수가 없었는지 세금의 액수와 확인서의 내용 등을 신중히 검토해야 합니다.

세무조사가 끝나면 세무조사결과 통지서를 받게 되고 이에 따라 납세고지 처분이 이루어집니다. 만약 세무조사 결과의 옳고 그름을 따져보고 싶다면 세무조사결과통지서를 받은 날로부터 30일 안에 '과세전적부심사청구제도'를 활용해 신청하면 됩니다.

06

/

부가가치세 관련 증빙서류와 그 보관

Q. 주방용품 제조 회사를 운영하고 있는 사람입니다. 이번에 세무서로부터 3년 전 납세 내역에 대해 세무조사를 하겠다고 통지가 왔습니다. 그런데 작년에 공장을 확장 이전하면서 옛날 서류들이 모두 없어졌습니다. 세무조사를 받을 때 문제가 될까요?

A. 재화나 용역을 매입하고 대금을 지급한 사실이 있더라도 해당 거래를 입증할 만한 증빙서류가 없다면 비용으로 인정되지 않을 수도 있습니다. 그래서 각종 세금신고와 관련된 증빙서류는 신고기한으로부터 최소 5년간 보관해야 합니다.

Q. 얼마 전에 소득세 신고를 했는데 증빙불비가산세를 납부하라는 통지를 받았습니다. 증빙불비가산세라는 게 도대체 뭔가요?

A. 세법에서는 원칙적으로 3만 원 초과 거래는 적격증빙(세금계산서, 계산서, 신용카드매출전표, 현금영수증)을 받도록 되어 있습니다. 그러나 만약 적격증빙을 받지 못하고 예를 들어 간이영수증을 받은 경우에는 소득세(법인세)신고 시 비용으로 인정받을 수는 있습니다. 그러나 이러한 경우 경비인정금액의 2%를 증빙불비가산세로 납부해야 합니다.

Q. 회사에서 직원들이 야근할 때 밥을 사 먹고 간이영수증으로 비용 청구를 했습니다. 이 부분도 부가가치세 매입세액공제가 가능한가요?

A. 세금계산서 또는 신용카드매출전표, 지출증빙용 현금영수증이 있다면, 원칙적으로 사업과 관련이 있는 매입세액은 공제가 가능합니다. 이 밖에 다른 증빙서류로는 부가가치세 매입세액공제를 받을 수 없습니다. 영수증으로 매입세액공제가 가능한지 묻는 분들이 많은데, 결론부터 말씀드리자면 불가능합니다. 여기서 영수증이란, 간이영수증, 슈퍼마켓에서 물건을 구입하면 주는 포스전표, 주차비 영수증 등 상호와 거래일시 및 거래금액이 적혀 있는 것을 뜻합니다.

대신 거래가액 3만 원 이하의 영수증은 법인세나 소득세 신고 시 비용으로 인정받을 수 있습니다. 3만 원을 초과한 영수증에 대해서는 재화나 용역을 구입한 사실이 명백하고 대금 지급이 금융기관을 통해 증명된 경우에만 비용으로 인정됩니다. 단, 이 경우에는 경비인정금액의 2%를 증빙불비가산세로 내야 합니다.

07
/
억울하게 낸 세금 구제 방법

Q. 김치공장을 운영하는 사람입니다. 최근에 받은 세무조사 결과, 농산물 대금을 지급한 근거가 없으니 1억 원을 추가 납부하라는 통지를 받았습니다. 지금까지 정직함을 신조로 살아왔고, 세금도 한 푼 빠짐없이 꼬박꼬박 내 온 사람으로서 너무 억울합니다. 어떻게 방법이 없을까요?

A. 국세청도 사람이 운영하는 곳이기에 조사 결과가 완벽하지는 못합니다. 그래서 내지 않아도 될 세금을 내라고 하는 경우가 있습니다. 납세자 입장에서는 무척 억울하겠지요. 그런 억울한 일이 없도록 납세자의 권리를 보호하기 위해 과세 전 적부심사청구와 이의

신청, 심사청구, 심판청구, 행정소송이라는 제도가 있습니다. 각각에 대해 알아보면 다음과 같습니다.

※ 과세 전 적부심사청구

세무조사 결과 통지 또는 과세예고 통지를 받은 납세자가 과세처분이 이뤄지기 전에 그 과세의 적법 여부에 대한 심사를 청구하는 것으로, 이를 통해 통지받은 세금이 옳은지를 따져볼 수 있다. 세무조사 결과나 과세예고 통지를 받은 날로부터 30일 이내에 청구서를 제출해야 한다.

※ 이의신청

만약 위법 · 부당한 과세처분으로 권리나 이익을 침해받았다면 그 적법 여부를 따져볼 수 있다. 납세고지서를 받은 날로부터 90일 이내에 관할세무서장 또는 각 지방국세청장에게 신청해야 한다. 이는 임의적인 절차에 불과하므로, 이의신청 없이 곧바로 심사청구나 심판청구를 할 수도 있다.

※ 심판 · 심사청구

납세고지서를 받은 날로부터 90일 이내에 조세심판원이나 국세청 또는 감사원에 신청해야 한다. 만약 납세자가 이의신청을 했는데 기각된 경우, 결정통지서를 받은 날로부터 90일 이내에 청구할 수 있다.

※ 행정소송

만약 심사청구 또는 심판청구가 기각된 경우, 그 결정서를 받은 날로부터 90일 이내에 법원에 조세부과처분 취소소송을 제기할 수 있다. 국세는 행정소송을 하려면 심사청구나 심판청구를 반드시 거쳐야 하는 반면, 지방세는 심사 · 심판청구 없이도 바로 행정소송을 제기할 수 있다. 하지만 소송비용이 많이 들기 때문에 되도록 심사 · 심판청구를 먼저 활용하는 것이 좋다.

※ 납세자보호담당관 제도

영세한 사업자가 세금 관련 고충이나 애로가 있을 때 가장 손쉽게 이용할 수 있는 방법이 바로 납세자보호담당관을 찾아가는 것이다. 납세자의 고충을 토로하는 데는 기한이 정해져 있는 것도 아니고 특별한 형식이 있는 것도 아니다. 세금과 관련한 애로사항에 대한 구체적인 사례는 다음과 같다.

- 세무조사 과정에서 장부를 영치(압수)당했는데, 이것이 적법한 절차에 의한 것인지 알고 싶을 때
- 지난해에 세무조사를 받았는데 올해 또 받는 경우, 적법하게 조사대상으로 선정되었는지를 알고 싶을 때
- 세무조사가 길어져 사업에 지장이 있거나 심리적 고통을 받을 때
- 세금 부과와 관련하여 입증 자료를 제출했는데 받아들여지지

않을 때

- 불복청구기간이 지난 뒤에 과세처분이 잘못된 것임을 알았을 때

북큐레이션 • 재테크가 고민인 분들을 위해 부자가 되는 방법을 알려주는 라온북의 책

평범한 샐러리맨도 지금부터 시작하면 부자될 수 있습니다. 내 가족을 위해 돈 공부를 시작하고, 10배 경매로 자산을 늘리고, 부자 근육 트레이닝으로 부자되는 방법을 터득하세요.

부자근육을 키워라

백승혜 지음 | 13,800원

평범한 당신도 하루 10분 재테크 공부만으로
부자근육 키워 부자 되는 6단계 트레이닝!

부자가 되고 싶은 마음은 굴뚝같은데 한 번도 계획을 지키지 못하는 이유는 뭘까? 바로 '기본기'가 없기 때문이다. 계획을 끝까지 밀어붙이고 부자가 되려면 재테크 '기술'을 익히기에 앞서 어떤 지식과 정보도 돈 되는 정보로 바꿔주는 '부자근육'을 가지고 있어야 한다.

《부자근육을 키워라》는 하루 10분 틈틈이 하는 재테크 공부만으로 부자근육 만드는 법을 6단계로 제시한다. 부자가 되고 싶은 열망만 있고 시도는 해보지 못했거나 무엇부터 시작해야 할지 모르는 사람, 재테크를 시작했다가도 금방 포기하는 사람이라면 이 책을 통해 탄탄한 내공을 다질 수 있을 것이다.

내 가족을 위한 돈공부

이재하 지음 | 13,800원

"당신이 돈 공부를 시작하면, 가정과 자녀의 미래가 달라진다!"
주식, 부동산으로 재테크 달인이 된 세 아이 아빠 이야기

보험사의 FC이기도 한 저자는 수많은 부자를 직접 만났고, 또 금융상품을 알아보러 온 부자가 되고 싶어하는 수많은 평범한 사람도 만나봤다. 그러자 부자는 왜 부자가 되었고, 가난한 사람은 왜 가난한지 알게 되었다. 그 차이는 오직 돈을 대한 원칙이 있느냐에서 비롯되었다.

저자는 특히 평범한 사람은 부자가 될 수 없다는 비관론에 속지 말 것을 당부하며, 누구나 적은 돈으로 시작할 수 있는 부동산, 금융상품, 보험, 주식 등 돈이 돈을 불리는 시스템에 대해서 기초부터 차근차근 설명해준다. 특히 이 책의 꽃은 자녀에게 어떻게 돈에 대해 가르치고, 가족이 돈 공부를 공유할 것인지를 알려주는 부분일 것이다.